COLECCIÓN SAUCE

ORACIONES DESDE LA ABADÍA

Una súplica de misericordia

Henri J. M. Nouwen

PPC

1.ª edición: abril 1998
2.ª edición: marzo 1999

Título original: *A Cry for Mercy. Prayers from the Genesee*. Publicado de acuerdo con Doubleday, una división de Bantam Doubleday Dell Publishing Group. Inc.

Traducción: Juan Sánchez Conde

Diseño de cubierta: Estudio SM.
                    Pablo Núñez

© 1981 Henri J. M. Nouwen
© PPC, Editorial y Distribuidora, S.A.
  C/ Enrique Jardiel Poncela, 4
  28016 Madrid

ISBN: 84-288-1476-7
Depósito legal: M-3876-1999
Fotocomposición: Grafilia, S.L.
Impreso en España / *Printed in Spain*
Imprenta SM - Joaquín Turina, 39 - 28044 Madrid

AGRADECIMIENTOS

Este libro de oraciones no se habría publicado sin la ayuda y el estímulo de muchas personas. Quiero dar las gracias a mis amigos de la Comunidad de la Alianza para la Paz de New Haven y la comunidad de «Sojourners» en Washington D.C., así como a John Garvey, por su ayuda a la hora de elegir, entre todas las oraciones que había escrito, aquellas que podían tener algún significado para otras personas aparte de mí mismo. Sus sugerencias y recomendaciones fueron de un valor incalculable para dar forma final al texto. También quiero expresar mi sincero agradecimiento a Gregory Youngchild y a John Mogabgab por su ayuda en la redacción final de estas oraciones, y a Robert Moore y Carol Plantinga por pasar a máquina, una y otra vez, el manuscrito. Como siempre, he de dar las gracias especialmente a Phil Zaeder por su lectura crítica del manuscrito y por todas las sugerencias que me hizo. Robert Meller y Diana Klemin de Doubleday pasaron mucho tiempo y realizaron un gran esfuerzo trabajando en la forma y en la composición del libro. Les estoy muy agradecido por su contribución.

Quiero agradecer, de una forma muy especial, a Joseph Núñez su importante papel a la hora de realizar este libro. Él hizo la última selección de oraciones, sugirió la división de los capítulos e identificó los principales momentos de mis oraciones. Fue su estímulo lo que me convenció de que las oraciones podían ser publicadas para que las leyeran otras personas. Le estoy agradecido, no sólo por su esfuerzo, sino también por su amistad y su cálido apoyo durante mis tres últimos años en la Facultad de Teología de Yale.

Dedico estas oraciones a la memoria de mi tío, Toon Ramselaar, que me mostró el camino al sacerdocio y apoyó con fidelidad mi trabajo y mi vocación, con su amistad y sus oraciones hasta su muerte, el 1 de enero de 1981.

Prólogo

Desde el mes de febrero hasta el mes de agosto de 1979, viví con los monjes trapenses de la Abadía de Genesee, situada al norte del estado de Nueva York. No era la primera vez que me hospedaba allí. En 1974 me habían permitido pasar siete meses en su monasterio y compartir su vida noche y día. Esta primera estancia fue una experiencia nueva para mí. Nunca había vivido en un monasterio de vida contemplativa, y todos los días me tenían reservada alguna sorpresa. Tuve que acostumbrarme a levantarme a las dos de la madrugada y acostarme a las siete de la tarde. Tuve que aprender a manejar cazuelas calientes en la tahona, también tuve que aprender a encontrar piedrecillas en un cubo lleno de uvas pasas y tuve que aprender a buscar las piedras adecuadas para la nueva iglesia. Pero sobre todo, tuve que familiarizarme con las abundantes horas de oración y meditación, y los mil detalles diferentes de la vida comunitaria. Aunque nunca había pensado hacerme monje trapense, este tiempo en el monasterio fue para mí como un noviciado. A través de la dirección personal del abad, John Eudes Bamberger, estos siete meses fueron un tiempo de auténtica formación espiritual. Ocurrieron tantas cosas en mi interior y a mi alrededor que sentí la necesidad de escribir un diario que me ayudara a expresar todas esas experiencias nuevas. Cuando, al volver a mi actividad docente, enseñé el diario a mis amigos, comprobé que mis experiencias eran más comunes de lo que yo había pensado. Muchos identificaron sus propias luchas con las mías. Este descubrimiento me llevó a tomar la decisión de publicar *Mi diario en la Abadía de Genesee* *.

Mi segunda estancia larga en la Abadía fue muy distinta. En vez de ser nueva y sorprendente, la vida monástica me resultó tremendamente familiar. Todo lo que me había parecido extraordinario la primera vez, se me hizo bastante corriente. Nada había cambiado. En unas horas volví a las cazuelas calientes, y el viernes por la mañana, el hermano Theodore me dio la bienvenida en el cubo de uvas pasas, como si nunca me hubiera ido. No necesité ni instrucciones, ni presentaciones. Me recibieron los mismos hombres, las mismas formas y el mismo espíritu de alegría. No había nada sombrío o aburrido en esta monotonía. Más bien lo contrario, la familiaridad con las personas, los lugares y los acontecimientos me permitieron prescindir de todos los preliminares, para dirigir toda mi atención al objetivo de mi estancia:

---

* Publicado en esta misma colección.

estar con Dios en la oración. La monotonía rítmica de la vida monástica me reveló la homogeneidad del Señor que me ama, que había estado esperando a que yo volviera a pasar algo más de tiempo a solas con él. Desde el momento en el que entré en este ambiente, que ahora me resultaba tan familiar, me di cuenta de que lo único que me iba a mantener allí seis meses era el Señor. Ya no había necesidad de tener un diario, ni de escribir los acontecimientos cotidianos de la vida monástica, ni de los encuentros semanales con el abad. No quiero decir que estas cosas hubieran dejado de tener importancia, sino más bien que se habían vuelto tan importantes como respirar y, por lo tanto, ya no eran cuestiones que merecieran comentarios diarios.

Cuando caí en la cuenta de que la oración era la única razón para estar y permanecer en el monasterio, me pregunté si sería una buena disciplina escribir, al menos, una oración cada día. Al principio, este pensamiento me dejó lleno de incertidumbres. ¿No es, acaso, mi relación con Dios, demasiado personal como para expresarla en un papel? ¿No debería esta forma sagrada de expresión humana permanecer espontánea, y no estar constreñida por el hecho consciente de escribir? ¿No haría, este hecho, más difícil la oración? Aunque estas preguntas eran muy significativas para mí, no me impidieron hacer caso a mi intuición, que me decía que merecería la pena sentarme al final de cada día y plasmar, en palabras sencillas, la oración que estuviera presente en mi corazón en ese momento. El resultado de este método es una serie de oraciones de las cuales he presentado una selección en este libro. Hago esto no porque vayan a enseñar a nadie la forma de rezar, o porque vayan a servir como un método de oración, sino porque podrían señalar, en su incómoda impotencia, la poderosa y auténtica presencia del Divino Espíritu que se nos ha prometido por medio de nuestro Señor, como guía infalible. Ésta es mi esperanza: que aquellos que identifiquen en estas plegarias los lamentos de su propio corazón, también reconozcan la plegaria sosegada del Espíritu de Dios en medio de sus propias palabras, vacilantes y balbucientes.

Un año después de haber escrito estas oraciones, añadí pequeñas introducciones para sugerir algunos temas generales y para indicar algunos cambios que me acontecieron durante los seis meses que permanecí en la Abadía. Espero que estas introducciones hagan las oraciones un poco más accesibles.

I

Febrero-marzo

UN CORAZÓN QUE SIENTE MIEDO

Hay mucho miedo en nosotros. Miedo a las personas, miedo a Dios, y mucha angustia cruda, indefinida, que flota en el ambiente. Me pregunto si el miedo no es nuestro principal obstáculo para rezar. Cuando entramos en la presencia de Dios y comenzamos a sentir ese gran embalse de miedo en nosotros, queremos escapar hacia las muchas distracciones que nuestro mundo nos ofrece de forma tan abundante. Pero no debemos temer a nuestros miedos. Podemos enfrentarnos a ellos, darles un nombre, y conducirlos a la presencia del que dice: «No temáis, soy yo». Tendemos a presentar a nuestro Señor sólo las cosas con las que nos sentimos a gusto. Pero cuanto más nos atrevamos a revelar todo nuestro ser tembloroso, más podremos experimentar que el amor de Dios, que es un amor perfecto, expulsa todos nuestros miedos.

Domingo, 18 de febrero

¡Señor Jesucristo! [1], tú que perdonaste los pecados del paralítico, antes de devolverle la capacidad de andar, te pido que estos seis meses de retiro me hagan consciente de tu presencia misericordiosa en mi vida, y me hagan estar menos inquieto por actuar bien a los ojos del mundo. Permíteme reconocerte en ese lugar virginal de la profundidad de mi corazón, donde tú habitas y me sanas. Permíteme experimentarte en ese centro de mi ser, desde el cual quieres enseñarme y guiarme. Permíteme conocerte como el hermano que me ama y que no guarda nada contra mí —ni siquiera mis peores pecados—, sino que quiere abrazarme dulcemente. Aparta todos los miedos, recelos y dudas por los cuales te impido ser mi Señor, y dame la valentía y la libertad de presentarme desnudo y vulnerable a la luz de tu presencia, confiado en tu insondable misericordia.

Sé cuán grande es mi resistencia, conozco la rapidez con la que elijo la oscuridad en vez de la luz. Pero también sé que continúas llamándome a la luz, donde puedo ver, no sólo mis pecados, sino también tu rostro misericordioso. Quédate conmigo cada hora que pase en esta comunidad, para que así, pueda ser aquí, para los hermanos, un auténtico signo de

---

[1] En el texto original, aparece con frecuencia la expresión «Oh Lord», que en español, dependiendo de la frase, se puede traducir así o por «Oh Señor», «Señor» o «¡Señor!». *(N. del T.)*

esperanza —no por lo que soy, sino por lo que tú haces en mí.

Gracias, Señor, por haberme traído aquí y haberme dado otra oportunidad de encontrarte en el camino. Alabanza y gloria a ti, ahora y por siempre. Amén.

Lunes, 19 de febrero

¡Oh Señor! ¿Por qué me resulta tan difícil mantener el corazón dirigido hacia ti? ¿Por qué todas las pequeñeces que quiero hacer, y todas las personas que conozco continúan ocupando mi mente, incluso durante las horas en las que estoy totalmente libre para estar contigo y sólo contigo? ¿Por qué vaga mi mente en tantas direcciones y por qué desea mi corazón las cosas que me conducen por el camino erróneo? ¿No eres tú suficiente para mí? ¿Continúo dudando de tu amor y de tu cuidado, de tu misericordia y de tu gracia? ¿Sigo cuestionándome, en lo más hondo de mi ser, si manteniendo mis ojos fijos en ti, tú me darás todo lo que necesito?

Por favor, acepta mis distracciones, mi cansancio, mi enojo y mi deambular desorientado. Tú me conoces de una forma más profunda y completa de como yo mismo me conozco. Me amas con un amor mayor que aquel con el que yo puedo amarme a mí mismo. Incluso me ofreces más de lo que puedo desear. Mírame, para que me veas con toda mi miseria y confusión interior, y permíteme sentir tu presencia en medio de mi turbación. Todo lo que puedo hacer es presentarme ante ti. Y aun esto me da miedo. Tengo miedo de que me rechaces. Pero sé —con el entendimiento de la fe— que tú deseas darme tu amor. Lo único que me pides es que no me esconda de ti, que no huya desesperado, que no actúe como si tú fueras un déspota implacable.

Acoge en tus brazos mi cuerpo cansado, mi mente confusa y mi alma inquieta y dame descanso, descanso sencillo y tranquilo. ¿Estoy pidiendo demasiadas cosas demasiado pronto? No debo preocuparme por eso, tú me lo harás saber. Ven, Señor Jesús, ven. Amén.

Martes, 20 de febrero

Hoy, Señor, he sentido un miedo intenso. Todo mi ser parecía estar invadido por el miedo. No había paz, ni descanso; solamente miedo: miedo a una crisis nerviosa, miedo a llevar una vida equivocada, miedo al rechazo y a la condenación, y miedo a ti. Señor, ¿por qué me resulta tan difícil vencer mi miedo? Sólo cuando me dediqué al trabajo manual, la intensidad de mi miedo pareció disminuir.

Me siento impotente para superar este miedo. Quizá es tu manera de pedirme que experimente algo de solidaridad con las personas que en todo el mundo sienten miedo: los que tienen hambre y frío en este duro invierno, los que están amenazados por ataques inesperados de la guerrilla, y todos los que están ocultos en cárceles, centros psiquiátricos y hospitales. Señor, este mundo está lleno de miedo. Convierte mi miedo en oración por los que sienten miedo. Haz que esta oración conforte a otros corazones. Quizá entonces, mi oscuridad se convertirá en luz para otros, y mi sufrimiento interior será fuente de curación para otros.

Tú, Señor, también has conocido el miedo. Tú has estado profundamente agitado; tu sudor y tus lágrimas fueron los signos de tu miedo. Haz que mi miedo, Señor, sea parte del tuyo, para que así no me conduzca a la oscuridad, sino a la luz y me lleve a una nueva comprensión de la esperanza de tu cruz. Amén.

Miércoles, 21 de febrero

Gracias, Señor, por este día. No sentí tu presencia, no oí tu voz, no vi tu amable rostro, pero, al menos durante muchas horas, el miedo agudo de ayer desapareció. Gracias, por las horas silenciosas en la tahona, en mi habitación y en la iglesia. Pude pensar, leer y rezar un poco e, incluso, hubo un momento en el que imaginé que algún día tendría otra vez paz y alegría. Gracias, Señor, por estas cosas buenas. Leí sobre «cómo conocerte», de las formas mediante las cuales se alcanza un conocimiento de ti, y pido para que lo que hoy comprendo con mi mente descienda un día a mi corazón y me dé luz interior.

Te llamo, oh Señor, desde mi silenciosa oscuridad. Muéstrame tu misericordia y tu amor. Permíteme ver tu rostro, escuchar tu voz, tocar el borde de tu manto. Quiero amarte, estar contigo, hablarte y, sencillamente, permanecer en tu presencia. Pero no puedo hacer que esto ocurra. Apretar mis manos contra mis ojos no es rezar, y leer acerca de tu presencia no es vivir en ella.

Pero habrá un momento en el cual tú vendrás a mí, como hiciste con tus atemorizados discípulos, y dirás: «No temas, soy yo». Haz que ese momento llegue pronto, Señor, y si quieres retrasarlo, entonces hazme paciente. Amén.

Lunes, 26 de febrero

Señor, ¿va a ser éste un periodo de purificación? ¿Va a ser el momento en el que me enseñes cuáles son las cadenas que me atan, y me des la valentía para deshacerme de ellas? ¿Va a ser ésta mi oportunidad para ver mi prisión y escapar de ella?

John Eudes me dijo: «Éste es un tiempo de purificación. Un tiempo para que identifiques tus relaciones ambiguas y tus actitudes ambivalentes; es también un tiempo para que tomes algunas decisiones y escojas algunos caminos». Señor, has sido tú el que me has dicho estas palabras. Si creo en tu Iglesia y en la voz de los que hablan en su nombre, en tu nombre, entonces, has sido tú el que me señalaste el significado de mi estancia aquí: «Identificar y elegir».

Y tú también has dicho: «Reza, incluso cuando no te sientas atraído a hacerlo». Sí, Señor, intentaré rezar, incluso cuando tenga miedo de encontrarme contigo cara a cara. Incluso cuando siga durmiéndome o sienta como si fuera dando vueltas, incluso cuando parezca que no ocurre nada. Sí, Señor, rezaré —no sólo con los demás, no sólo ayudado con los ritmos del coro, sino también a solas contigo. Intentaré no tener miedo. Señor, dame la valentía y la fuerza. Permíteme mirarme a la luz de tu misericordia y elegirte. Amén.

Miércoles, 28 de febrero. Miércoles de ceniza

¡Oh Señor! Para mí es una gracia muy grande poder estar en este monasterio en el tiempo de cuaresma. ¿Cuántas veces he vivido estas semanas sin prestar mucha atención a la penitencia, al ayuno y a la oración? ¿Cuántas veces he dejado escapar los frutos espirituales de este tiempo sin ni siquiera ser consciente de ello? Pero ¿cómo podría celebrar verdaderamente la Pascua, sin haber antes vivido la cuaresma? ¿Cómo podría alegrarme plenamente con tu resurrección si no he querido antes participar en tu muerte?

Sí, Señor, tengo que morir —contigo, por medio de ti, en ti— y así prepararme para reconocerte cuando te aparezcas a mí resucitado. Hay tantas cosas en mí que necesitan morir: falsos apegos, codicia, ira, impaciencia y tacañería. Oh Señor, soy egocéntrico, estoy centrado en mí mismo, en mi carrera, en mi futuro, en mi nombre y en mi fama. Con frecuencia siento que te utilizo para mi propio beneficio. ¡Qué absurdo! ¡Qué sacrílego! ¡Qué triste! Pero sí, Señor, sé que es verdad. Sé que con frecuencia he escrito sobre ti, he hablado sobre ti y he actuado en tu nombre para mi propia gloria y éxito. Tu nombre no ha sido para mí causa de persecución, opresión o rechazo. ¡Tu nombre me ha traído recompensas! Ahora veo con claridad lo poco que he muerto contigo, lo poco que verdaderamente he andado tu camino, y lo poco que he sido fiel a él. Oh Señor, haz que este tiempo de cuaresma sea diferente de los demás, que vuelva a encontrarte. Amén.

Domingo, 4 de marzo

Querido Señor, tú eres el primero entre los justos, llevaste una vida recta. Gracias a ti, tu Padre del cielo mantiene la existencia de este mundo y muestra una gran misericordia hacia nosotros, pecadores. ¿Quién soy yo, Señor, para esperar tu amor, protección y misericordia? ¿Quién soy yo para merecer un lugar en tu corazón, en tu casa, en tu reino? ¿Quién soy yo, para esperar tu perdón, tu amistad, tu abrazo? Aun así, esto es lo que espero, ¡incluso cuento con ello! No por mis propios méritos, sino únicamente por tu infinita misericordia. Por nosotros llevaste una vida agradable a los ojos de Dios. Oh Señor, tú eres el justo, el bendito, el amable, el recto, el clemente.

Pido para que tu Padre, el Padre de todos, aquel que me creó y me sostiene día tras día, vea en mí tus señales y me reconozca gracias a ti. Ayúdame a seguirte, a unir mi vida a la tuya y a convertirme en espejo de tu amor. Amén.

Lunes, 5 de marzo

Escucha, Señor, mis plegarias. Atiende a mi deseo de estar contigo, de habitar en tu casa y haz que todo mi ser se llene con tu presencia. Pero nada de esto es posible sin ti. Cuando no eres tú el que me llena, me invaden pronto pensamientos y preocupaciones interminables que me dividen y me separan de ti. Incluso pensamientos acerca de ti, buenos pensamientos espirituales, pueden no llegar a ser más que distracciones cuando tú no eres su autor.

Oh Señor, pensar en ti, fascinarse con ideas y discusiones teológicas, emocionarse con historias de espiritualidad cristiana y estimularse con ideas sobre la oración y la meditación, todo esto puede ser una expresión de codicia tan grande como el deseo desordenado por la comida, las riquezas o el poder.

Cada día vuelvo a darme cuenta de que sólo tú puedes enseñarme a rezar, únicamente tú puedes dar descanso a mi corazón. Sólo tú puedes dejarme vivir en tu presencia. Ningún libro, ninguna idea, ningún concepto o ninguna teoría me acercarán jamás a ti, a no ser que tú mismo permitas que estos instrumentos se conviertan en el camino hacia ti.

Señor, concédeme al menos permanecer abierto a tu iniciativa; concédeme esperar paciente y atentamente esa hora en la que vendrás y atravesarás todos los muros que he erigido. Enséñame, Señor, a rezar. Amén.

Miércoles, 7 de marzo

Señor, concédeme alabarte, bendecirte, adorarte. Con frecuencia mi oración se convierte en reflexión introspectiva que sólo contempla mis propios sentimientos y emociones confusos. Con frecuencia me descubro recitando una letanía de autocompasión, o mi atención se distrae pensando en personas o en acontecimientos que ocupan mi mente inquieta. ¡Señor!, ¿por qué sigo fijándome en lo que me separa de ti? Tú eres la fuente de toda bondad, de toda belleza y de todo amor. Me has mostrado tu misericordia al venir a mí y al elevarme a tu propia vida, a través de la vida de tu Iglesia. Y a pesar de todo, continúo viviendo como si las mil cosas diferentes que ocupan mi mente, necesitaran más atención que tú.

Ayúdame en esta lucha para que así te conviertas en el centro de mi vida interior. Concédeme la gracia de la oración. Muéstrame de forma clara y convincente cómo estoy engañándome y dame la fuerza para seguir esa intuición. Oh Señor, concédeme, sobre todo, entender cómo en ti y a través de ti mis preocupaciones serán atendidas. Tú no desprecias mis inquietudes, pero me pides que confíe en que tú te ocuparás de ellas cuando sencillamente fije mis ojos en ti y en tu reino.

Enséñame, Señor, tu camino. Amén.

Sábado, 10 de marzo

Señor, la vida pasa rápidamente. Hechos que hace unos años me mantenían preocupado, se han convertido ahora en vagos recuerdos; conflictos que hace unos meses parecían tener una importancia crucial en mi vida, ahora parecen fútiles, ni merece la pena pensar en ellos; luchas internas que hace unas semanas me robaban el sueño, son ahora emociones extrañas del pasado; libros que me llenaban de asombro hace unos días, ahora no me parecen tan importantes; pensamientos que cautivaban mi mente hace unas horas, han perdido su poder y han sido reemplazados por otros.

¿Por qué es tan difícil aprender de esta intuición? ¿Por qué estoy continuamente atrapado por un sentimiento de urgencia y de emergencia? ¿Por qué no veo que eres eterno, que tu reino dura por siempre, y que para ti mil años son como un día? Señor, permíteme entrar en tu presencia y saborear allí tu amor eterno, perpetuo, imperecedero, con el cual me invitas a deshacerme de mis angustias, miedos, preocupaciones e inquietudes temporales. Nos dices: «Buscad primero el reino de Dios y lo demás se os dará por añadidura». Todo aquello que es temporal mostrará su auténtico significado desde el lugar donde tú quieres que yo esté, el lugar del amor imperecedero.

Señor, enséñame tus caminos, y dame valentía para seguirlos. Amén.

Domingo, 11 de marzo

Oh Señor, concédeme un corazón puro para que así pueda verte y oírte en el esplendor de tu liturgia santa. ¡Con qué frecuencia canto los salmos, pero permanezco sordo! ¡Con qué frecuencia veo el pan y el vino, y aun así permanezco ciego! Señor, ¿por qué estás aguardando tanto para llevarme a la cima de la montaña, mostrarme la luz de tu transfiguración y dejarme escuchar las palabras que se digan allí? Lo sé, sí, lo sé. Mi corazón no es puro. Estoy lleno de mis deseos egoístas, de mis propias reflexiones, de mi propia introspección mórbida. Y permanezco así, ciego y sordo, sin verte ni oírte, a ti que deseas ser visto y oído. Señor, de veras quiero ver, pero mi lucha para alcanzar cualquier grado de pureza de corazón parece tan trivial. Con frecuencia me siento como si estuviera rodeado de trampas, y como si me enredara más cuanto más lucho. Señor, tú eres el único que puede rescatarme de esta trampa. Tómame de la mano y llévame a lo alto de la montaña. Purifica mi corazón y muéstrame tu luz. No tengo que ir lejos. Tú me has dado las palabras para oírte, y el pan y el vino para saborearte. Ven, Señor. Abro mis sentidos a tu presencia. Que te reconozca donde tú estés. Amén.

Lunes, 12 de marzo

Oh Señor, ¿a quién o qué otra cosa puedo querer sino a ti? Tú eres mi Señor, Señor de mi corazón, mente y alma. Tú me sondeas y me conoces. Todo lo que existe encuentra su origen y su fin, en ti y por ti. Tú abarcas todo lo que existe y lo cuidas con amor y compasión divinos. ¿Por qué sigo entonces aguardando esperanza y satisfacción fuera de ti? ¿Por qué sigo relacionándome contigo como si fueras una más de mis muchas relaciones, en vez de considerarte mi única relación, en la cual todas las demás se fundan? ¿Por qué sigo buscando popularidad, respecto de los demás, éxito, aplausos y placeres sensuales? ¿Por qué, Señor, me resulta tan difícil considerarte como el único? ¿Por qué continúo vacilando en rendirme totalmente a ti?

Ayúdame, Señor, a hacer morir al hombre viejo, para que así mueran las mil maneras, grandes y pequeñas, en las cuales aún estoy construyendo un falso «yo» e intento apegarme a mis falsos deseos. Permíteme renacer en ti y ver el mundo de manera auténtica, a través de ti, de forma que todas mis acciones, palabras y pensamientos se conviertan en un himno de alabanza a ti.

Necesito tu gracia amorosa para viajar por este camino difícil que me llevará a la muerte del hombre viejo y a una nueva vida en ti y por ti. Sé y confío que éste es el camino hacia la libertad.

Señor, disipa mi desconfianza y ayúdame a convertirme en un amigo confiado. Amén.

Sábado, 17 de marzo

¡Señor Jesús! Las palabras que dirigiste a tu Padre, brotaron de tu silencio. Introdúceme en este silencio, para que así hable en tu nombre y mis palabras den fruto. Es tan difícil permanecer en silencio, silencio de palabras, pero también silencio de corazón. Hay tantas cosas que hablan dentro de mí. Siempre parezco estar enredado en debates interiores conmigo mismo, con mis amigos, con mis enemigos, con mis defensores, con mis adversarios, con mis colegas y con mis rivales. Pero este debate interior me descubre lo alejado que está de ti mi corazón. Si fuera sencillamente a descansar a tus pies, para darme cuenta de que te pertenezco a ti y sólo a ti, dejaría fácilmente de discutir con todas las personas, reales e imaginarias, que hay a mi alrededor. Estas discusiones me revelan mi inseguridad, mi miedo, mis aprensiones, y mi necesidad de ser reconocido y de recibir atenciones. Señor, tú me darás toda la atención que necesito si paro de hablar y comienzo a escucharte. Sé que en el silencio de mi corazón, me hablarás y me enseñarás tu amor. Dame, Señor, ese silencio. Hazme paciente y hazme crecer poco a poco en este silencio en el que pueda estar contigo. Amén.

Domingo, 18 de marzo

Señor Jesucristo, Hijo del Dios vivo, ten misericordia de mí, que soy un pecador. Estoy impresionado por mis propias intuiciones espirituales. Seguramente, ahora sé más acerca de la oración, la meditación y la contemplación que la mayoría de los cristianos. He leído muchos libros sobre la vida cristiana e, incluso, yo mismo he escrito algunos. A pesar de lo impresionado que estoy por esto, aún lo estoy más por el inmenso abismo entre mis intuiciones y mi vida.

Es como si yo estuviera a un lado de un inmenso desfiladero y viera lo que he de hacer para llegar a ti, para vivir en tu presencia y servirte, pero no pudiera alcanzar el otro lado, donde tú estás. Puedo hablar y escribir, predicar y discutir sobre la belleza y la bondad de la vida que veo en el otro lado, pero ¿cómo puedo, Señor, llegar allí? En ocasiones, tengo el sentimiento doloroso de que cuanto más clara es la visión, más consciente soy de la profundidad del desfiladero.

¿Estoy condenado a vivir en el lado equivocado del abismo? ¿Estoy destinado a animar a otros a que alcancen la tierra prometida, mientras que yo continúo siendo incapaz de entrar en ella? A veces me siento prisionero de mis propias revelaciones y mi «competencia espiritual». Sólo tú, Señor, puedes tenderme la mano y salvarme, sólo tú.

Yo sólo puedo seguir luchando por ser fiel, aunque

sienta, casi siempre, que soy desleal. Qué otra cosa puedo hacer sino seguir rezándote, aunque sienta la oscuridad; seguir escribiendo acerca de ti, aunque me vea insensible; seguir hablando en tu nombre, aunque me sienta solo. Ven, Señor Jesús, ven, ten misericordia de mí, que soy un pecador. Amén.

II

Marzo-abril

Una súplica de misericordia

La misericordia de Dios es mayor que nuestros pecados. Hay una conciencia de pecado que no conduce a Dios, sino a la preocupación por nosotros mismos. Tenemos la tentación de impresionarnos tanto por nuestros pecados y agobiarnos tanto por nuestra falta de generosidad que nos bloqueamos en una culpa paralizante. Es la culpa que dice: «Soy demasiado pecador para merecer la misericordia de Dios». Es la culpa que conduce a la introspección en vez de dirigir nuestros ojos a Dios. Es la culpa que se ha convertido en ídolo y, por lo tanto, es una forma de orgullo. La cuaresma es el momento de derribar este ídolo y dirigir nuestra atención a nuestro Señor que nos ama. La cuestión es: «¿Somos como Judas, que se sintió tan superado por su pecado que ya no pudo creer en la misericordia de Dios y se ahorcó, o somos como Pedro, que regresó a su Señor, arrepentido, y lloró amargamente por sus pecados?». El tiempo de cuaresma, durante el cual el in-

vierno y la primavera luchan entre sí por tener el do-
minio, nos ayuda de una manera especial a elevar
nuestra súplica, para pedirle a Dios su misericordia.

Miércoles, 21 de marzo

Querido Señor, gracias por el comienzo de la primavera. En medio de la cuaresma, se me hace patente que la Pascua viene de nuevo: los días son más largos, la nieve desaparece, el sol es más cálido, y un pájaro está cantando. Ayer, durante la oración nocturna, ¡había un gato maullando! Verdaderamente, la primavera se anuncia a sí misma. Y esta noche, Señor, te he oído hablar a la samaritana. Le has dicho: «El que beba el agua que yo quiero darle, nunca más volverá a tener sed. Porque el agua que yo quiero darle, se convertirá en su interior en un manantial del que surge la vida eterna». ¡Qué palabras! Merecen horas, días y semanas de reflexión, las llevaré conmigo durante mi preparación para la Pascua. El agua que tú das se convierte en un manantial. Por lo tanto, no tengo que ser tacaño con tu regalo, Señor. Puedo dejar libremente que el agua brote del centro de mi ser y que quien lo desee beba de ella. Quizá, incluso veré este manantial en mí cuando otros vengan a él para apagar su sed. Con frecuencia, Señor, dudo que haya un manantial en mí; con frecuencia, tengo miedo de que se haya secado o se haya llenado de arena. Pero otros continúan creyendo en el manantial que hay dentro de mí, incluso cuando yo no creo.

Haz que la primavera de este año y el manantial de agua que hay en mí me den alegría, Señor, mi esperanza y mi redentor. Amén.

Jueves, 22 de marzo

Señor, tu mundo —el mundo al que amaste tanto que quisiste hacerte parte de él y experimentarlo al máximo— sufre. Hay pequeños sufrimientos y grandes sufrimientos: el sufrimiento de mi sobrinita Frederique, que está en el hospital, recuperándose de una operación facial; el sufrimiento de mi padre, que viaja por primera vez sin mi madre y echa profundamente de menos su presencia; el sufrimiento de un monje que se siente solo; el sufrimiento de los estudiantes que no encuentran trabajo... Y también, los sufrimientos de los indios del Matto Grosso que son oprimidos, y los sufrimientos del obispo, de los sacerdotes y de las hermanas que intentan ser útiles; los sufrimientos de muchos hombres y mujeres que ven cómo alrededor de ellos crece la carrera de armamentos y se sienten desanimados en sus intentos de pararla; los sufrimientos de los prisioneros, los que pasan hambre, y todas las personas que parecen felices y satisfechas, pero que se sienten desgarrados por su confusión interior, sus sentimientos de culpabilidad, su deshonra, la falta de confianza en sí mismos, y su incapacidad para superar su propio desasosiego.

Es tu mundo, Señor, el que sufre. Eres un Dios compasivo. Viniste a compartir nuestros sufrimientos. Por favor, da a tu pueblo esperanza, ánimo, fuerza y fe. No permitas que nos destruyan los poderes del mal que nos rodea, imprégnanos y habita siempre en nosotros. Aparta de nosotros los poderes del mal, y muéstranos el camino hacia ti, tú que eres luz, vida, verdad, bondad y, sobre todo, amor. Amén.

Sábado, 24 de marzo

Señor, ¿cuándo moriré? No lo sé y espero que no sea pronto. No porque me sienta muy apegado a esta vida —quizá esté mucho más apegado de lo que soy consciente—, pero me siento tan poco preparado para encontrarme contigo cara a cara. Siento que, al permitirme vivir un poco más, me revelas tu paciencia, me das otra oportunidad de convertirme, me ofreces más tiempo para purificar mi corazón. El tiempo es el regalo que me haces.

Recuerdo que me sentí preparado para morir hace cinco años, cuando dejé la Abadía después de una estancia de siete meses. Ahora no me siento así. Me siento desasosegado, sin paz, culpable, lleno de dudas y sumido en la oscuridad. Que mi tiempo aquí sea un tiempo de cambio: un cambio hacia la tranquilidad interior, una profunda confianza en tu perdón y en tu misericordia, y una entrega completa a ti.

Gracias, Señor, por cada día que me concedes para acercarme más a ti. Gracias por tu paciencia y bondad. Te pido que cuando muera esté en paz. Escucha mi oración. Amén.

Lunes, 26 de marzo

Señor, el gran maestro espiritual Isaac de Nínive dijo: «El que conoce sus pecados es más grande que el que hace a alguien levantarse de la muerte. El que en verdad puede llorar una hora por sí mismo es más grande que el que enseña a todo el mundo; el que conoce su propia debilidad es más grande que el que ve a los ángeles». Estas palabras, Señor, ¡son tan ciertas! Me doy cuenta de que las preocupaciones por mis acciones pecaminosas son una manera de evitar la confrontación con mi auténtico ser de pecador. El evitar la confrontación con mi auténtico ser de pecador significa evitar la confrontación con tu misericordia. Hasta que no experimente tu misericordia, sabré que aún estoy huyendo de mi auténtico pecado.

Ven, Señor. Traspasa mis compulsiones, angustias, miedos y sentimientos de culpabilidad, y permíteme ver mi pecado y tu misericordia. Amén.

Martes, 27 de marzo

Señor Jesús, tú que viniste a nosotros para mostrarnos el amor compasivo de tu Padre, haz que tu pueblo conozca este amor en su corazón, en su mente y en su alma. Con frecuencia no nos sentimos queridos y nos sentimos solos y perdidos en este valle de lágrimas. Deseamos sentir afecto, ternura, atención y compasión, pero sufrimos a causa de la oscuridad, la vaciedad y el entumecimiento interior. Esta noche rezo: ven, Señor Jesús, ven. No vengas sólo a nuestro entendimiento, penetra también en nuestros corazones —en nuestras pasiones, emociones y sentimientos— y revélanos tu presencia en lo más profundo de nuestro ser. Mientras permanezcas ausente de ese núcleo íntimo de nuestra experiencia, continuaremos apegados a personas, cosas o acontecimientos, para encontrar algo de calor, algún sentimiento de pertenencia. Sólo cuando realmente vengas, nos toques y nos prendas con el fuego de tu amor, sólo entonces seremos libres y dejaremos marchar todas las formas falsas de pertenencia. Sin ese calor interior, todos nuestros esfuerzos ascéticos seguirán siendo banales, y podríamos incluso quedar enredados en la compleja red de nuestras buenas intenciones.

Señor, te pido que tus hijos lleguen a sentir tu presencia y se sumerjan en tu amor, profundo, cálido y afectivo. Y a mí, Señor, tu amigo balbuciente, muéstrame tu misericordia. Amén.

Miércoles, 28 de marzo

Oh Señor, este tiempo santo de cuaresma está pasando de forma muy rápida. Entré en él con miedo, pero también con grandes esperanzas. Esperaba experimentar un gran avance, una conversión profunda, un auténtico cambio de corazón; quería que el domingo de resurrección fuera un día tan lleno de luz que no quedara un vestigio de oscuridad en mi alma. Pero sé que no vienes a tu pueblo entre truenos y relámpagos. Incluso san Pablo y san Francisco caminaron en medio de una gran oscuridad antes de poder ver tu luz. Permíteme estar agradecido por tu camino que es apacible. Sé que estás trabajando. Sé que no me dejarás solo. Sé que me llevas con rapidez a la Pascua, pero de una manera que se ajusta a mi propia historia y a mi propio temperamento.

Pido para que estas últimas tres semanas, en las que me invitas a entrar más de lleno en el misterio de tu pasión, me produzcan un mayor deseo de seguirte en el camino que tú has creado para mí y me hagan aceptar la cruz que tú me des. Permíteme morir al deseo de elegir mi propio destino y de elegir mi propia cruz. No quieres hacer de mí un héroe, sino un siervo que te ama.

Quédate conmigo mañana y en los días sucesivos, y permíteme experimentar tu presencia amable. Amén.

Viernes, 30 de marzo

Querido Señor, muéstrame tu bondad y tu ternura, tú que eres manso y humilde de corazón. Con frecuencia me digo a mí mismo, «el Señor me ama», pero con mucha frecuencia esta bondad no penetra en el fondo de mi corazón. El hecho de entristecerme tan fácilmente a causa de un contratiempo, de enfadarme con facilidad a causa de una crítica insignificante, y de deprimirme debido a un rechazo de poca importancia, muestra que tu amor aún no me llena. ¿Por qué, si no, me resulta tan fácil perder el equilibrio interior? ¿Qué puede hacerme la gente, cuando verdaderamente sé que me amas, me cuidas, me proteges, me defiendes, me guías y me sostienes? ¿Qué significa un pequeño fracaso —o incluso uno grande—, cuando sé que tú estás conmigo en todas mis penas y confusiones? Todavía, de vez en cuando, tengo que confesar que no he dejado que tu amor descienda completamente de mi mente a mi corazón, y no he dejado que mi entendimiento se transforme en un conocimiento auténtico y completo que transforme todo mi ser.

En las próximas semanas, Señor, podré ver otra vez cuánto me amas. Que estas semanas se conviertan en una oportunidad para que abandone todas mis resistencias a tu amor y en una ocasión para que me acerques más a ti. Amén.

Martes, 3 de abril

Señor, tu inmenso amor se ha hecho visible hoy en la inmensa belleza de la naturaleza. El sol cubría los vastos campos de Genesee Valley. El cielo estaba azul y había algunas nubes agradables aquí y allá; los árboles desnudos, pero ya sugiriendo la nueva estación de hojas verdes; los campos aún oscuros, pero llenos de promesas. Al contemplar el valle desde lo alto de la colina, me he quedado profundamente impresionado por estar viviendo en medio de tanta belleza. Me ha inundado un sentimiento de gratitud, pero también una sensación de que la vida es muy corta. Cuando he visto el suelo fértil, he pensado en mi madre, cuando fue enterrada, en un suelo similar, hace sólo unos meses, y una extraña tristeza ha brotado dentro del sentimiento de belleza. Ya no puedo contarle lo que he visto, ni escribirle acerca de la nueva primavera, que ella siempre recibía con mucha alegría. Vida nueva, hojas verdes y flores nuevas, trigo nuevo; pero esta primavera ella ya no me llamará, ni me dirá: «¡Mira aquí, mira allá!».

Pero tú, Señor, dices: «El grano de trigo seguirá siendo un único grano, a no ser que caiga dentro de la tierra y muera; sólo entonces producirá fruto abundante». Creo que su muerte dará fruto. El día de tu resurrección, para la cual yo también me estoy preparando, es también un signo de que hay esperanza para todos los que mueren. Por ello, haz que mi tristeza se convierta en una aflicción que acreciente mi deseo de seguirte en el camino de la cruz y más allá de él, hasta esa mañana de Pascua, en la que hallaremos la tumba vacía.

Haz que la belleza de la tierra haga mi alegría y mi pena más profundas, y así me acerques más a ti, mi Señor y redentor. Amén.

Miércoles, 4 de abril

Querido Señor, hoy he sentido el poder paralizante de mi ira. Me han apresado sentimientos violentos, hostiles, hacia personas que no habían hecho por mí lo que me habían prometido y, en mi mente, seguí elaborando discursos airados y reproches vengativos. Aunque estuve intentando dirigirme hacia ti, no encontré la forma de escapar a estos sentimientos. Me descubría constantemente de vuelta al centro de mi rabia y no pude hacer nada, aparte de presentarte mi furia. Vi cómo mi rabia revelaba hasta qué punto aún pertenezco a este mundo y a sus promesas y recompensas. Incluso me di cuenta de que mi desasosiego interior no era proporcionado con los incidentes externos que lo habían provocado. Pero no podía deshacerme de mi enfado.

Me humillo ante ti, Señor, consciente de cuánto dependo de tu gracia para alcanzar la docilidad y la mansedumbre que deseo. Me siento mucho más tranquilo ahora, especialmente después de haber anotado algunos de mis sentimientos de ira. Pero, Señor, no me pongas a prueba con demasiada frecuencia. Quiero saborear menos mi cólera y más tu dulzura y amor. Da paz a mi corazón. Amén.

Jueves, 5 de abril

Querido Señor, la nieve inesperada de hoy me ha hecho pensar lo cuidadoso que tengo que ser antes de hacer predicciones. Justo cuando me había preparado para la primavera y para un tiempo más suave y más soleado, parece que ha vuelto el invierno. ¿No me estarás dando un aviso importante?

Sigo proyectando mi condición presente en el futuro. Si siento la oscuridad el futuro me parece oscuro; si me siento optimista, el futuro me parece prometedor. Pero ¿quién soy yo para saber cómo será mi vida mañana, la semana que viene, el año que viene, o dentro de diez años? Más aún, ¿quién soy yo para saber lo que será de mí en lo que queda de año? Oh Señor, no te ataré a mis propios sentimientos e ideas, limitados y limitadores. Puedes hacer tantas cosas conmigo, cosas que a mí me pueden parecer completamente imposibles. Quiero, al menos, permanecer abierto al movimiento libre de tu Espíritu en mi vida. ¿Por qué sigo diciéndome: «Nunca seré santo. Nunca seré capaz de superar mis impulsos y deseos»? Si sigo diciendo esto, podría impedir que me sanaras y me tocaras en lo más hondo.

Oh Señor, concédeme permanecer libre para que vengas cuando quieras y como quieras. Amén.

Lunes, 9 de abril

Querido Señor, ayúdame a mantener mis ojos fijos en ti. Tú eres la encarnación del Amor Divino, eres la expresión de la compasión infinita de Dios, eres la manifestación visible de la santidad del Padre. Eres belleza, bondad, mansedumbre, perdón y misericordia. En ti se puede encontrar todo. Fuera de ti no se puede encontrar nada. ¿Por qué debería yo mirar a otra parte o mirar a otro lado? Tú tienes palabras de vida eterna, tú eres comida y bebida, tú eres el camino, la verdad y la vida. Eres la luz que brilla en las tinieblas, la lámpara del lampadario, la casa en la cumbre. Eres el icono perfecto de Dios. En ti y por ti puedo ver al Padre celestial, y contigo puedo encontrar mi camino hacia él. ¡Oh el Santo, el Bello, el Glorioso!, sé mi Señor, mi salvador, mi guía, mi consuelo, mi descanso, mi esperanza, mi alegría y mi paz. Quiero darte todo lo que soy. Concédeme ser generoso. Que no sea ni tacaño, ni indeciso. Concédeme darte todo —todo lo que tengo, pienso, hago y siento. Es tuyo, Señor. Por favor, acéptalo y hazlo enteramente tuyo. Amén.

Martes, 10 de abril

Querido Señor, tu discípulo Pedro quiso saber quién te traicionaría. Señalaste a Judas, pero un poco más tarde también le señalaste a él. Judas te traicionó, Pedro te negó. Judas se ahorcó, Pedro se convirtió en el apóstol al cual hiciste el primero de todos. Señor, dame fe, fe en tu misericordia infinita, en tu perdón sin límites, en tu bondad insondable. No permitas que me tiente el pensamiento de que mis pecados son demasiado grandes para ser perdonados, demasiado abominables como para que los toque tu misericordia. No permitas que huya de ti. Concédeme volver a ti una y otra vez y pedirte que seas mi Señor, mi pastor, mi fortaleza y mi refugio. Acógeme bajo tu protección, Señor, y permíteme experimentar que no me rechazarás mientras te siga pidiendo tu perdón. Quizá mis dudas acerca de tu perdón son un pecado mayor que los pecados que considero demasiado grandes para ser perdonados. Quizá me considero demasiado importante, demasiado grande, cuando pienso que ya no puedo ser abrazado por ti. Señor, mírame, acepta mi oración como aceptaste la oración de Pedro, y no permitas que huya de ti en la noche, como hizo Judas.

Bendíceme, Señor, en esta Semana Santa, y dame la gracia de conocer más profundamente tu presencia amorosa. Amén.

Viernes 13 de abril. Viernes Santo

Querido Señor, ¿qué puedo decirte en esta noche santa? ¿Hay alguna palabra que pueda salir de mi boca, algún pensamiento, alguna frase? Moriste por mí, diste todo por mis pecados; no sólo te hiciste hombre por mí, sino que también sufriste la muerte más cruel por mí. ¿Hay alguna respuesta? Ojalá pudiera encontrar una respuesta adecuada, pero contemplando tu santa pasión y muerte, lo único que puedo confesarte, humildemente, es que la inmensidad de tu amor divino hace que toda respuesta parezca totalmente inadecuada. Permíteme tan sólo permanecer aquí junto a ti y mirarte. Tu cuerpo está roto, tu cabeza herida, tus manos y tus pies están abiertos por los clavos, tu costado está atravesado. Tu cuerpo sin vida descansa ahora en los brazos de tu madre. Ahora todo ha terminado. Todo está concluido. Todo está cumplido. Todo está consumado. Señor dulce, Señor clemente, Señor generoso, Señor misericordioso, te adoro, te alabo, te doy gracias. Por tu pasión y muerte has hecho nuevas todas las cosas. Tu cruz ha sido plantada en este mundo como un signo nuevo de esperanza. Concédeme vivir siempre bajo tu cruz, Señor, y proclamar sin fin su esperanza. Amén.

III

Abril-mayo

Rayos de esperanza

El tiempo de Pascua es un periodo de esperanza. Aún hay miedo, aún hay una conciencia dolorosa de pecado, pero también hay una luz que se abre camino. Algo nuevo está ocurriendo, algo que va más allá de nuestro humor cambiante. Podemos estar alegres o tristes, optimistas o pesimistas, tranquilos o enfadados, pero la sólida corriente de la presencia de Dios, se mueve más profundamente que las pequeñas olas de nuestras mentes y corazones. La Pascua nos trae la conciencia de que Dios está presente, incluso cuando no notamos directamente su presencia. La Pascua nos trae la buena noticia de que, aunque parezca que las cosas empeoran en el mundo, el maligno ya ha sido vencido. La Pascua nos permite afirmar que, aunque Dios parece muy distante, y aunque continuamos preocupados con muchas pequeñeces, nuestro Señor nos acompaña en el camino y sigue explicándonos las escrituras. Así, hay muchos rayos de esperanza arrojando su luz a nuestro camino en la vida.

Domingo, 15 de abril. Domingo de Resurrección

Querido Señor, Señor resucitado, luz del mundo, ¡sean para ti la gloria y la alabanza! Este día, tan lleno de tu presencia, de tu alegría, de tu paz, es verdaderamente tu día.

Acabo de volver de dar un paseo por el bosque oscuro. Hacía frío y había llovido, pero todo hablaba de ti. Todo: las nubes, los árboles, la hierba mojada, los valles con sus luces distantes, el sonido del viento. Todos hablaban de tu resurrección. Todos ellos me hacían darme cuenta de que todo es verdaderamente bueno. Todo lo que has creado es bueno y por ti toda la creación se renueva y alcanza una gloria incluso mayor que la que poseía en sus comienzos.

Mientras caminaba por el bosque oscuro al final del día, lleno de íntima alegría, te oí llamar a María Magdalena por su nombre, y oí cómo llamabas a tus amigos, desde la orilla del lago, para que lanzaran sus redes. También te oí entrar en la habitación cerrada, donde, por miedo, tus discípulos estaban reunidos. Te vi aparecer en la montaña, y en las afueras de la ciudad. ¡Qué íntimos son estos acontecimientos! Son como favores especiales a amigos queridos. No fueron hechos para impresionar o abrumar a nadie, sino simplemente para mostrar que tu amor es más fuerte que la muerte.

Oh Señor, ahora sé que es en el silencio, en el instante tranquilo, en una esquina olvidada, donde saldrás a mi encuentro. Llámame por mi nombre y dime una palabra de paz. Cuando esté más sosegado, serás para mí el Señor resucitado.

Querido Señor, estoy tan agradecido por todo lo que me has dado en esta última semana. Quédate conmigo en los próximos días. Bendice a todos los que sufren en este mundo y trae la paz a tu pueblo, a quien amaste tanto que diste la vida por él. Amén.

Lunes, 16 de abril

Querido Señor, las mujeres que vieron al ángel en la tumba vacía se fueron de allí con temor y esperanza, pero, al mismo tiempo, también experimentaron el miedo. Yo mismo he tenido hoy estos sentimientos. Durante estos días de Pascua me he llenado de alegría, pero aún siento miedo, aprensión y reserva. Oh Señor, me pregunto si te reconocería como lo hicieron María Magdalena, los discípulos y los que iban a Emaús. ¿Es mi corazón capaz de reconocerte? ¿Te he prestado toda mi atención mientras hablabas conmigo durante años? ¿Son mis ojos capaces de ver y mis oídos capaces de oír? Por favor, Señor, no pases de largo, no me ignores. Muéstrame tu rostro amoroso y permíteme oír tu voz reconfortante; todo será diferente. No permitas que esté tan ocupado con los asuntos del mundo, que ni siquiera me dé cuenta de que algo auténtico está ocurriendo.

Ven, Señor, muéstrame tu rostro y condúceme siempre más cerca de ti. Amén.

Jueves, 19 de abril

Querido Señor, después de tu resurrección, abriste la mente de tus discípulos para que comprendieran las escrituras. Les hiciste ver con claridad que Moisés, los profetas y el salmista habían hablado de ti. Les revelaste el gran misterio: había sido establecido que tendrías que sufrir para así entrar en tu gloria.

Esta noche te pido que mi conocimiento de las escrituras sea cada vez más profundo y que cada vez sea más consciente de que tú estás en el centro, o —para decirlo con las palabras de Vincent van Gogh— que el evangelio es la cumbre de una montaña en la cual el Antiguo Testamento y las cartas de los apóstoles son las laderas. Concédeme ver tu presencia en los salmos, en los profetas y en la gran historia del pueblo de Israel, y que esta revelación me ayude a comprender mejor mi propia historia, mi propia lucha y mi propio sufrimiento.

Por favor, Señor, acompáñame en el camino, penetra en mi habitación cerrada y aparta mi necedad. Abre mi mente y mi corazón al gran misterio de tu presencia activa en mi vida, y dame la valentía de ayudar a los demás a descubrir tu presencia en sus vidas.

Gracias, Señor, por este día. Amén.

Viernes, 20 de abril

Querido Señor, hoy he estado pensando en ese encuentro misterioso que tus discípulos tuvieron contigo en la orilla del lago de Tiberíades. Comieron contigo. En realidad, tú les invitaste. «Jesús se acercó, tomó el pan en sus manos y se lo repartió; y lo mismo hizo con los peces.»

Me detengo ante este encuentro misterioso. Me siento atraído por la proximidad, pero también percibo una distancia; me doy cuenta de que hay una familiaridad, pero también sé que hay una cierta reserva; me conmuevo de alegría pero también me agita un temor reverencial; reconozco tu presencia, pero también me doy cuenta de que aún estás ausente. De verdad puedo comprender que ninguno de tus discípulos fuera lo suficientemete audaz como para preguntar: «¿Quién eres?».

Señor, me estás haciendo entender que a la vez que te revelas a mí, también te escondes de mí, que a la vez que me invitas a comer contigo, también me pides que no te toque. Con frecuencia siento esta tensión dentro de mí y quiero que desaparezca. Deseo que no haya distancia, miedo o aprensión. Pero ¿quién soy yo para ser tan osado e incluso pedirte tal cosa? Concédeme agradecerte, Señor, que me llames a mí, que soy un pecador, y me des pan y pescado. No estoy preparado para ver tu esplendor. Moriría. Te escondes para que yo pueda vivir y ser purificado. Gracias, Señor. Amén.

Domingo, 22 de abril

Querido Señor, esta tarde compartí mis sentimientos de culpa y de pecado con uno de los monjes. Me dio un buen consejo. Me instó a que me apartara continuamente de la introversión y la preocupación por mí mismo y me concentrara en expresar mi amor por ti.

Lo que más me ayudó fue su observación de que no podía ocurrir nada más horrible que lo que ya había ocurrido: tu muerte, Señor, que es el acontecimiento más horrible, inmundo y espantoso de toda la historia. Nosotros, seres humanos, te matamos a ti, nuestro hermano, Hijo del Altísimo. Ocurra lo que ocurra —hambre, opresión o guerra—, nunca podrá ser peor que lo que ya ha ocurrido. Pero tú superaste lo peor. No nos rechazaste, sino que hiciste de tu muerte el signo de nuestra redención. Tu amor se· nos hizo completamente visible en tu muerte y por tu muerte. Ya has sufrido cualquier mal que hice o que haré y me has mostrado que el mal nunca es tan grave como para que no pueda volver a ti. ¡Querido Señor! Jamás permitas que dude de tu perdón, y concédeme siempre recordar que moriste por mis pecados y resucitaste de la muerte como signo de tu amor misericordioso. No permitas que me guíe mi culpa, sino tu amor. Amén.

Domingo, 29 de abril

Querido Señor, dame un deseo creciente de rezar. Me sigue resultando tan difícil darte mi tiempo con generosidad. Aún soy avaricioso con el tiempo —tiempo para ser útil, eficaz, tener éxito, tiempo para actuar, para sobresalir, para producir. Pero tú, Señor, no me pides más que mi simple presencia, el reconocimiento humilde de mi desnudez, la confesión indefensa de mis pecados, para que así, tú puedas hacer que los rayos de tu amor penetren en mi corazón y me den el conocimiento profundo de que puedo amar porque tú me has amado primero, de que puedo ofrecer una acogida porque tú me has acogido primero, y de que puedo hacer el bien porque antes tú me has mostrado tu bondad.

¿Qué me detiene? ¿Qué me hace ser tan vacilante y tan tacaño, tan cauteloso y tan calculador? ¿Dudo aún de que no necesito nada fuera de ti? ¿Quiero aún dejar alguna reserva por si acaso no vinieras? Por favor, Señor, ayúdame a dejar estos juegos inmaduros y concédeme amarte, libre, enérgica, valiente y generosamente. Amén.

Lunes, 30 de abril

Querido Señor, aunque la vida en este monasterio es tranquila y pacífica —los días pasan a un alegre ritmo litúrgico y de vida comunitaria, en armonía y amor fraternal—, casi todo el mundo vive este tiempo como una época apocalíptica, llena de peligros y amenazas. La posibilidad de que haya una guerra nuclear es real, el hambre está aumentando en muchas partes del mundo, la violencia y el odio cubren a diario las primeras páginas de los periódicos, y millones de personas se preguntan cómo van a arreglárselas otro año, otra semana o incluso otro día.

Esta noche te pido por todos los que dan testimonio de ti en este mundo: ministros, sacerdotes y obispos, hombres y mujeres que te han dedicado su vida y todos los que intentan traer la luz del evangelio a las tinieblas de esta época. Dales valentía, fuerza, perseverancia, y esperanza; llena sus corazones y sus mentes con el conocimiento de tu presencia y concédeles experimentar que tu nombre es su refugio frente a todos los peligros. Sobre todo, dales la alegría de tu espíritu, para que así, dondequiera que vayan y a quienesquiera que encuentren, quiten el velo de la depresión, el fatalismo y el derrotismo, y traigan nueva vida a todos los que viven con un miedo constante a la muerte. Señor, quédate con todos los que traen la buena noticia. Amén.

Miércoles, 2 de mayo

Querido Señor, una vez dijiste: «La voluntad del que me ha enviado es que yo no pierda a ninguno de los que él me ha dado, sino que los resucite en el último día». Estas palabras son una fuente de consuelo en este día. Muestran que estás haciendo lo que se puede hacer para mantenerme en tu amor. Demuestran que verdaderamente viniste a este mundo para salvarme, para liberarme de las ataduras del mal y del pecado, y para conducirme a la casa de tu Padre. Revelan que quieres luchar contra los intensos poderes que me separan de ti. Señor, quieres guardarme, retenerme, luchar por mí, protegerme, ayudarme, apoyarme, confortarme y presentarme a tu Padre. ¡Realmente tu tarea divina es no perderme! Y aun así, soy libre. Puedo separarme de ti, y nunca me quitarás esta libertad. ¡Oh, qué maravilla del amor! ¡Qué misterio de la divina gracia! Por favor, Señor, concédeme escoger libremente tu amor, para que así no me pierda para ti. Amén.

Jueves, 3 de mayo

Querido Señor, tu apóstol Felipe se unió a un peregrino etíope que volvía de Jerusalén a su país. Tal y como tú hiciste cuando te uniste a los hombres que iban a Emaús, así tu apóstol explicó las escrituras a este peregrino y le hizo ver con claridad que éstas hablaban de ti. Te pido para que éste sea mi ministerio: unirme a la gente en su camino y abrirles los ojos para que te vean. Muchas personas buscan. Con frecuencia estudian, leen, discuten, escriben y actúan para encontrar una respuesta a sus preguntas más íntimas. Pero muchas van todavía a tientas en la oscuridad. Dame la valentía para irme a ellas y decirles, como hizo Felipe: «¿Entiendes lo que estás leyendo?». Dame la inteligencia y la convicción para hablarles de ti, que eres el camino, la verdad y la vida. Permíteme discernir cuándo estarán preparados para ser bautizados en el agua y en el Espíritu.

Pero, por favor, Señor, dame también el estímulo que diste a Felipe cuando le dijiste: «Adelántate y ponte junto a ese carro». Sabes que soy tímido y miedoso. Concédeme ser confiado y libre. Amén.

Miércoles, 9 de mayo

Querido Señor, libérame de mi pasado oscuro, en el cual con frecuencia siento que caigo como si me hundiera en un depósito profundo. Tú eres la luz que ha venido al mundo para que todo el que crea en ti ya no tenga que permanecer en la oscuridad. No permitas que vuelva a hundirme en mi oscuro agujero, Señor, y haz que tu luz cálida, amable y vivificante, me levante de mi tumba. Vincent van Gogh te pintó como el sol cuando pintó la resurrección de Lázaro. Al hacer esto, quiso expresar su propia liberación de un pasado oscuro, que le aprisionaba. Señor, sigue mostrándome tu luz y dame la fuerza para levantarme y seguirte sin volver a mirar atrás. Eres mi Fuerza, mi Refugio y mi Baluarte. Mientras mantenga mis ojos fijos en ti, no hay motivo para volver a acontecimientos, modelos e ideas del pasado. En tu luz todo se hace nuevo. Hazme totalmente tuyo. Amén.

Jueves, 10 de mayo

Querido Señor, en medio de un gran desasosiego y una gran confusión interior, hay un pensamiento reconfortante: quizá estás actuando en mí de una forma que aún no puedo sentir, ni experimentar, ni entender. Mi mente no es capaz de concentrarse en ti, mi corazón no es capaz de permanecer centrado, y parece como si tú estuvieras ausente y me hubieras dejado solo. Pero por la fe sigo fiel a ti. Creo que tu espíritu llega a una profundidad mayor y más lejos que mi propia mente o mi corazón, y que esos movimientos profundos no son los primeros que se notan.

Por ello, Señor, te prometo que no huiré, no te abandonaré, no dejaré de rezar, incluso cuando todo parezca inútil, sin sentido, y una pérdida de tiempo y esfuerzo. Quiero que sepas que te amo, incluso cuando no me siento amado por ti, y que espero en ti, aunque con frecuencia experimente la desesperación. Que esto sea un ir muriendo poco a poco que yo pueda hacer contigo y por ti, como una forma de experimentar algo de solidaridad con los millones de personas que en este mundo sufren mucho más que yo. Amén.

Domingo, 13 de mayo

Querido Señor, traigo ante ti a todas las personas que experimentan el fracaso en su búsqueda de una relación creativa y afectiva. Muchas personas solteras se sienten solas e incapaces de mantener una amistad durante mucho tiempo; muchos casados se sienten frustrados en su matrimonio y se separan para ir por caminos diferentes; muchos hijos no pueden hablar con sus padres; y muchos padres tienen miedo de sus hijos. A mi alrededor, veo el hambre de amor y la incapacidad de experimentarlo de una forma profunda y duradera. Concédenos tu favor, a nosotros tu pueblo, y comunícanos tu amor —no como una idea o un concepto, sino como una experiencia viva. Nos podemos amar los unos a los otros sólo porque tú nos has amado primero. Haz que conozcamos ese primer amor para que así podamos ver todo amor humano como un reflejo de un amor mayor, un amor sin condiciones ni limitaciones.

Sana a aquellos que se sienten heridos en lo más íntimo de su ser, a aquellos que se sienten rechazados, incomprendidos, e incluso utilizados. Muéstrales tu amor redentor y ayúdales en el camino del perdón y la reconciliación. Amén.

IV

Mayo-junio

EL PODER DEL ESPÍRITU

El Espíritu Santo que Jesús prometió a sus seguidores es el gran regalo de Dios. Sin el Espíritu de Jesús no podemos hacer nada, pero en su Espíritu y por su Espíritu podemos llevar una vida libre, sincera y valiente. No podemos rezar, pero el Espíritu de Cristo puede rezar en nosotros. No podemos crear paz y alegría, pero el Espíritu de Cristo puede llenarnos de una paz y una alegría que no son de este mundo. No podemos abrirnos camino a través de las innumerables barreras que dividen a las razas, los sexos y las naciones, pero el Espíritu de Cristo une a todos los pueblos en el amor de Dios, que abarca a todos. El Espíritu de Cristo consume nuestros innumerables miedos e inquietudes y nos libera para ir adondequiera que seamos enviados. Ésta es la gran liberación de Pentecostés.

Jueves, 17 de mayo

Querido Señor, enséñame el camino de la pobreza. Es evidente que los bienes materiales me llevan a muchas preocupaciones falsas, y estas preocupaciones me impiden prestarte atención. Tú estás siempre conmigo, quieres hablarme, quieres guiarme, enseñarme, aconsejarme y quieres mostrarme adónde ir. Sé que tú estás a la puerta y llamas. Pero estoy tan ocupado con otras cosas que no puedo oírte; estoy tan preocupado acerca de lo que he de leer, escribir, decir o hacer, que no me doy cuenta de que todos esos problemas no existirían si te escuchara a ti y dejara de escuchar mi propia confusión interior. Ayúdame, Señor, a hacerme pobre, en el sentido más amplio de la palabra. Muéstrame cómo he de usar el dinero que recibo, muéstrame cómo utilizar los conocimientos que he adquirido, muéstrame cómo utilizar las relaciones y contactos que se han hecho parte de mi vida. Que todo esto no me impida seguirte, sino que más bien se convierta en una forma de seguirte a ti y a tu reino. Permíteme liberarme de todas mis falsas preocupaciones e inquietudes, y permíteme vivir con un corazón pobre y libre para que sólo tú seas mi Señor. Amén.

Sábado, 19 de mayo

Querido Señor, ayúdame a ser fuerte y fiel cuando llegue el día en que experimente que el mundo te odia, a ti y a aquellos que creen en ti. La amistad y la intimidad que tú me ofreces no pertenecen a este mundo. No están basadas en la competencia, la rivalidad, el éxito, la envidia y la suspicacia. No se adquieren por manipulación o extorsión. Tu amor y tu bondad son regalos gratuitos que provienen de la abundancia de tu corazón. Tu paz y tu alegría son como corrientes que provienen de lo más íntimo de tu ser y fluyen hacia tu pueblo. Pero el mundo en el que vivo tiene otros caminos y otras reglas y te responde, a ti y a tu amor abundante, con odio y persecución.

No sé si estoy preparado para esto. Soy débil, tengo miedo y dudo fácilmente. Pero confío en que tú estarás a mi lado, y cuando llegue el momento, me darás las palabras adecuadas para ser testimonio de tu amor. Por ahora, Señor, hazme profundizar en el conocimiento de tu amor. Amén.

Jueves, 24 de mayo. Fiesta de la Ascensión

Querido Señor, al final de este día de la Ascensión, me siento lleno de gratitud. Me doy cuenta de que en este día concluiste tu estancia entre nosotros y el gran misterio de tu encarnación se hizo visible en su plenitud. Tu vida terrenal, que comenzó con la visita de Gabriel a tu Madre, concluyó cuando fuiste alzado en una nube y desapareciste de la vista de tus discípulos. Tú, Señor, hijo de Dios, hijo del Hombre, Emmanuel, Mesías, Redentor de todos los pueblos, en verdad compartiste con nosotros todo lo que es humano y condujiste a nuestra humanidad a la derecha de tu Padre Celestial. Cuando tus amigos ya no te veían, cuando los dejaste atrás, completaste tu divina misión. Nos enseñaste todo lo que necesitábamos saber; hiciste todo lo que se podía hacer, nos diste todo lo que tenías.

¿Qué habría sido de mi vida si no te hubiera conocido? Todas mis alegrías y sufrimientos tienen relación con tu venida a este mundo.

Gracias, Señor, por tu vida en este mundo y gracias por llamarme a contar la historia de tu vida a todas las gentes. Amén.

Viernes, 25 de mayo

Querido Señor, aunque supiera todo sobre ti, aunque hubiera estudiado todas las escrituras con detenimiento, aunque tuviera un gran deseo y una gran fuerza de voluntad para trabajar a tu servicio, nada puedo hacer sin el regalo de tu Espíritu. Con frecuencia me doy cuenta de que la visión más clara de la vida verdadera, y el más sincero deseo de vivirla, no son suficientes para hacer de mí un auténtico discípulo. Sólo cuando tu Espíritu haya penetrado en la profundidad de mi ser podré ser un cristiano auténtico, un hombre que vive en ti, contigo y por ti.

Dejaste claro a tus amigos que no debían abandonar Jerusalén, sino que debían «quedarse en la ciudad hasta que fueran revestidos de la fuerza que viene de lo alto».

¡Señor! Te pido el poder de tu Espíritu. Que este poder me invada y me transforme en un discípulo auténtico, dispuesto a seguirte incluso en los momentos en los que preferiría no hacerlo. Amén.

Sábado, 26 de mayo

Querido Señor, viniste a este mundo no sólo como hombre, sino concretamente como hombre judío. Nunca entenderé plenamente tus palabras, tus gestos y tus acciones, a no ser que caiga plenamente en la cuenta de tu judaísmo. Se me hace cada vez más claro que los judíos tienen mucho que enseñarme, no sólo sobre el Antiguo Testamento y la religión judía, sino también acerca de ti. Señor, te pido por los judíos. Dales paz y libertad, después de tantos siglos de persecución y opresión; dales un hogar seguro en Israel, donde puedan ir y venir, habitar y trabajar sin miedo; dales un amor profundo a su propia historia y tradición; da a sus hijos el «Shalom» en su sentido pleno de bienestar físico, mental y espiritual. Te pido especialmente que des a los judíos la generosidad de corazón para que sigan perdonándonos, a nosotros los cristianos, por las crueldades y atrocidades a las que les hemos sometido, tanto a ellos como a sus antepasados.

Por último te pido para que los judíos te vean cada vez más como uno de ellos: un hermano, un rabino, un maestro que honró y respetó la ley judía, y que habló siguiendo la tradición de los grandes profetas. Oh Señor, aumenta mi amor a tu pueblo. Amén.

Lunes, 28 de mayo. Día de Conmemoración de los Caídos

Querido Señor, haz que los pueblos de la tierra y sus dirigentes se den cuenta de la locura que supone la carrera de armamento nuclear. Hoy lloramos a los muertos de guerras pasadas, pero ¿habrá alguien que llore a los muertos de la próxima guerra? Oh Señor, apártanos de nuestra necia carrera de autodestrucción. Haz que nos demos cuenta de que tener cada vez más armamento significa una mayor posibilidad de utilizarlo. No permitas que los grandes talentos que has dado a tus criaturas caigan en las manos de los poderes y principados para los cuales la muerte es tanto el medio como el fin. Que veamos que los recursos escondidos en tu tierra están ahí para alimentarnos, curarnos y ofrecernos cobijo unos a otros, de manera que hagamos de este mundo un lugar donde los hombres, las mujeres y los niños de toda raza y nación puedan vivir juntos en paz.

Danos profetas que puedan hablar de una manera abierta, directa, convincente y amorosa a reyes, presidentes, senadores, dirigentes de las Iglesias y a todos los hombres y mujeres de buena voluntad, profetas que nos hagan construir la paz, en vez de la guerra. Señor, date prisa en socorrernos. No vengas demasiado tarde. Amén.

Jueves, 31 de mayo. Fiesta de la Visitación

Querido Señor, las palabras que se dijeron Isabel y tu santa Madre son tan ricas, profundas y bellas que me resulta difícil decidir sobre cuál de ellas meditar.

Pero es importante seguir cayendo en la cuenta de que Isabel no llamó a tu Madre «bendita» a causa de su pureza, su sabiduría o su belleza, sino a causa de su fe en la promesa que le había sido dada.

«El Espíritu Santo vendrá sobre ti y el poder del Altísimo te cubrirá con su sombra». La promesa que recibió tu madre se convirtió en la promesa que recibieron los discípulos cuando tú les dejaste, y es la promesa que me está dando esperanza estos días.

Dame la fe de tu Madre y haz que tu promesa se cumpla en mí. Envía tu Espíritu Santo y encuentra, a través de tu Espíritu, una morada en mí. Amén.

Sábado, 2 de junio

Querido Señor, haz que tu Espíritu me dé fuerza para superar todas las vacilaciones, para apartar todos los miedos, para quitar toda la timidez. Que tu Espíritu me ayude a responderte con gratitud, a hablar libremente de ti a todas las personas con las que me encuentre en el camino, y que me ayude a actuar con valentía para que venga tu reino. Tú, Señor, no sólo me bautizaste con agua sino que también me bautizaste en el Espíritu Santo. Que este bautismo en tu Espíritu se haga visible en mi vida. Que me permita experimentar tu presencia, no sólo a través de la oscuridad de la fe, sino también a través de una nueva sensibilidad que me permita ver, oír, saborear, tocar e incluso oler una realidad que llega más allá de lo que mis sentidos naturales perciben. Que tu Espíritu traiga la reconciliación, la alegría, la paz, la amabilidad y la generosidad a los corazones de aquellos con los que vivo y para los cuales trabajo. Pero sobre todo, Señor, haz que tu Espíritu me llene con su amor, para que todo lo que piense, diga y haga, sea hecho por amor a ti, que viviste, moriste y resucitaste porque me amas. Amén.

Domingo, 3 de junio. Fiesta de Pentecostés

Querido Señor, cuando tu Espíritu descendió sobre tus discípulos, éstos hablaron las lenguas de aquellos que habían venido a escuchar tu testimonio. Esta noche te pido que en esta época tu Espíritu también rompa todas las barreras que dividen a las naciones y a los pueblos. Que haya unidad entre nosotros, los que habitamos este mundo. Danos la fuerza para superar nuestras diferencias físicas, emocionales y psicológicas y para reconocer que es tu Espíritu Santo el que nos une haciéndonos a todos partícipes de tu vida divina. Que tu Espíritu abra nuestros ojos y oídos a tu presencia continua entre nosotros. Que te reconozcamos en el servicio mutuo, cuando trabajamos juntos por la reconciliación y la paz y cuando unimos nuestros talentos para construir un mundo mejor. Sin tu Espíritu somos impotentes, pero con tu Espíritu y en tu Espíritu podemos renovar el mundo. No nos dejes solos, y permite que tu Espíritu penetre en nuestros corazones, para que así, juntos, podamos preparar el día de tu gloriosa venida y podamos alabarte, darte gracias, honrarte, y amarte todos los días de nuestra vida. Amén.

Lunes, 4 de junio

Querido Señor, te pido para que tu Espíritu obre en mí su labor redentora, a pesar de que yo no experimente directamente su presencia. Me gustaría sentir de repente un fuerte viento, ver lenguas de fuego, hablar lenguas extranjeras, y estar tan lleno de tu Espíritu que lo único que pudiera hacer fuera anunciar la buena noticia a todo el que quisiera oírme. Pero esto expresa más impaciencia que fe, más deseo de algo espectacular que esperanza sosegada, más impulsividad que amor profundo y perseverante. Tú me envías tu Espíritu, Señor, lo sé. Aunque he estado pocos meses aquí, he sentido en mi alma tu acción continua y muy discreta.

Mis experiencias de oscuridad, culpa y desesperación, han perdido su intensidad; mis momentos de inquietud y fatiga se producen con menos frecuencia; y en medio de todas mis distracciones, me doy cuenta de que mi interior se vuelve a ti con mayor facilidad que antes. No se ha presentado ningún cambio drástico, pero aun así soy consciente de que se están produciendo cambios que van más allá de mi propio entendimiento.

Te doy gracias, Señor, por el don de tu Espíritu. Que las próximas semanas fortalezcan y aumenten su presencia en mí. Amén.

V

Junio-julio

LAS NECESIDADES DEL MUNDO

El Espíritu de Cristo nos envía al mundo. En la medida en que somos guiados, no por nuestros miedos, sino por el poder del Espíritu, nos hacemos conscientes de las necesidades del mundo y experimentamos un profundo deseo de servir. Los prisioneros, los enfermos, los hambrientos, los que no tienen hogar, así como todos los que están involucrados en la guerra o se preparan para la guerra se nos presentan como hermanos y hermanas con los cuales estamos unidos en la solidaridad.

Martes, 12 de junio

Querido Señor, no me resulta difícil olvidarte. El mundo, mi mundo, tiene tantas formas de requerir mi atención que rápidamente dejo que éstas me separen de ti. Tú estás presente en este mundo, en mi vida, en todo lo que ocurre. Pero tu presencia es silenciosa, amable y discreta. El silencio, la soledad, la oración silenciosa, una conversación sosegada y una lectura reflexiva, me ayudan a caer en la cuenta de que tú estás conmigo, de que tú me llamas, de que tú me desafías y, sobre todo, de que me invitas a entrar en tu casa de paz y alegría. Aún las voces ruidosas del mundo, la infinita variedad de «debo» y «tengo que» y la sensación de que todos los quehaceres tienen categoría de urgentes, todas esas cosas me apartan del lugar donde tú habitas y me hacen vivir como si fuera yo y no tú quien tiene que salvar el mundo.

Unos cuantos días alejado de esta casa de oración, me han hecho ver claro con cuánta facilidad me seduce la idea de pensar que he de dedicar tiempo, atención y esfuerzo a todo excepto a ti. Señor, esta noche te pido que acrecientes y fortalezcas mi conciencia de tu presencia, para que así pueda vivir en el mundo sin ser del mundo. Que mis dos últimos meses de estancia en este monasterio hagan mi encuentro contigo tan fuerte, profundo y duradero como el de Saúl en el camino de Damasco, para que así pueda mirar al mundo con la nueva visión que tú me das. Amén.

Miércoles, 13 de junio

Querido Señor, tú eres la Verdad. Si me mantengo arraigado en ti, viviré en la verdad. Ayúdame Señor a llevar una vida auténtica, una vida en la que no me deje guiar por la popularidad, la opinión pública, la moda del momento, los formalismos convencionales sino por la sabiduría que proviene de conocerte.

Podrá haber momentos en los que permanecer en la verdad será duro y doloroso, y nos conduzca a la opresión, la persecución y la muerte. Quédate conmigo, Señor, si alguna vez llega ese momento. Concédeme, entonces, experimentar que permanecer en la Verdad significa permanecer en ti, que el amor y la verdad no podrán nunca separarse y que vivir con autenticidad es lo mismo que ser fiel a una relación de amor.

Señor, llévame siempre más cerca de ti que eres mi maestro, y me haces siempre partícipe de tu amor. Amén.

Domingo, 17 de junio. Fiesta del Corpus Christi

Querido Señor, en este día dedicado a la Eucaristía, pienso en los miles de personas que sufren por la falta de comida y en los millones que sufren por la falta de amor. Mientras yo estoy bien alimentado y bien cuidado, mientras yo me beneficio de los frutos de la tierra y del amor de los hermanos, soy consciente de la indigencia física y emocional de tantos seres humanos, que son mi prójimo.

¿No está mi fe en tu presencia en la partición del pan destinada a llegar más allá del pequeño círculo de mis hermanos, al más amplio de la humanidad y a aliviar el sufrimiento todo lo que sea posible?

Si te puedo reconocer en el sacramento de la eucaristía, debo ser también capaz de reconocerte en todos los hombres, mujeres y niños hambrientos. Si no soy capaz de «traducir» mi fe en tu presencia bajo la apariencia de pan y vino en acción para el mundo, aún no puedo considerarme creyente.

Por ello, te pido, Señor, que acrecientes mi fe en tu presencia eucarística y me ayudes a encontrar caminos para que esta fe produzca frutos en la vida de muchos. Amén.

Viernes, 22 de junio

Querido Señor, la Iglesia nació cuando abrieron tu costado, y de él brotaron sangre y agua; una nueva comunidad fundada en el bautismo, y en el sacrificio de partir el pan. Es tu amor, manifestado en la cruz, el que dio lugar al nacimiento de una vida nueva, un nuevo modo de vida, una nueva dignidad, un mensaje nuevo.

¡Oh Señor! Te pido para que tu Iglesia, comunidad de amor nacida de tu cruz, resista a los poderes que nos amenazan con la división y la destrucción. Haz que el amor de tu Iglesia tenga fuerza suficiente para desmantelar las cabezas nucleares, los misiles y los submarinos, y concede la cordura a aquellos que cada día siguen fabricándolos. Da a tu pueblo intuición, valentía y fe para adoptar una actitud contra esta locura en la cual la defensa se convierte en sinónimo de aniquilación mutua.

Señor, haz que nuestro amor sea fuerte y audaz y que se pronuncie tu nombre como signo de esperanza. Amén.

Miércoles, 27 de junio

Querido Señor, miles de personas son expulsadas de sus países, millares mueren en barcas en medio del mar, incapaces de encontrar un puerto de acogida; millares son retenidas en campos sin mucha esperanza de tener una vida familiar normal en el futuro. Cada día el número de refugiados aumenta, y cada día se hace más claro que estamos viviendo en un mundo muy inhóspito.

Oh Señor, muéstrame maneras de responder a esta tragedia humana. Muéstrame cómo puedo vivir la fidelidad a tu palabra en estos días de angustia y desesperación para tantas personas. Ilumina mi mente, y dame un corazón apasionado y una voluntad fuerte para que pueda hablar y actuar según tu gran mandamiento de amor.

Sé lo que está ocurriendo, me doy cuenta de la urgencia de la situación, y estoy convencido de la necesidad de dar una respuesta generosa. Pero todavía no sé con claridad lo que me pides que haga aquí y ahora. Te suplico que me ayudes a encontrar la forma en la que quieres que sea tu discípulo. Amén.

Jueves, 28 de junio

Señor, viniste a traer la paz, a ofrecer la reconciliación, a sanar la separación entre las personas, y a mostrarnos cómo es posible, para los hombres y las mujeres, superar sus diferencias y celebrar su unidad. Revelaste que tu Padre es un Padre para todos los pueblos, un Padre sin resentimientos ni deseos de venganza, un Padre que cuida de cada uno de sus hijos con una misericordia y un amor infinitos y que no duda en invitarles a su propia casa.

Pero nuestro mundo de hoy no parece ser un mundo que conozca a tu Padre. Nuestras naciones están rotas por el caos, el odio, la violencia y la guerra. En muchos lugares reina la muerte. El Salvador, Irlanda del Norte, Irán y muchos otros países no han experimentado la paz durante muchos años. Incluso en países que están oficialmente en paz, como España, Italia y Turquía, la violencia no está del todo ausente. Y nuestro propio país, ¿no es más belicoso que pacífico?

Oh Señor, no olvides el mundo al cual viniste para salvar a tu pueblo. No vuelvas la espalda a tus hijos que desean vivir en armonía, pero que están continuamente enzarzados en el miedo, la ira, la lujuria, la violencia, la codicia, la sospecha, la envidia y el ansia de poder. Trae tu paz a este mundo, una paz que nosotros solos no podemos construir. Despierta las conciencias de todos los pueblos y de sus dirigentes; promueve hombres y mujeres llenos de amor y generosidad que sean capaces de hablar y actuar por la paz, y nos muestren nuevos caminos en los cuales se pueda dejar atrás el odio, se puedan sanar las heridas y se pueda restablecer la unidad.

Señor, ven en nuestro auxilio. Señor, date prisa en socorrernos. Amén.

Viernes, 29 de junio. Fiesta de Pedro y Pablo

Querido Señor, ¡verdaderamente elegiste a hombres vibrantes, intensos y apasionados para extender tu palabra! Pedro, impulsivo, activo, enérgico y muy apasionado; Pablo, penetrante, comprometido y con una vitalidad fuera de lo común. Estos dos hombres iban a ser los fundadores de las jóvenes comunidades de cristianos extendidas desde Jerusalén hasta Roma.

Pedro te negó; Pablo persiguió a tus seguidores; pero con la misma pasión con la que en primer lugar dijeron «No», dijeron también «Sí» después de haber visto tu rostro y haber oído tu llamada.

Tú, Señor, no elegiste a personas con carácter tibio, neutral o moderado. Llamaste a personas muy espontáneas, capaces de experimentar tanto el éxtasis como el abatimiento.

Te doy gracias, Señor, por darme esta luz reconfortante. Concédeme tener la valentía de vivir plenamente, incluso cuando sea arriesgado, vivir apasionadamente, incluso cuando esto me conduzca a cometer errores, y concédeme vivir siempre para ti, para que así pueda ser moldeado por ti, y me convierta en instrumento de tu palabra. Amén.

Domingo, 1 de julio

Querido Señor, por el poder que salió de ti una mujer se sanó de una enfermedad que ningún médico había sido capaz de curar y una muchacha joven fue devuelta a la vida. Tú revelaste que Dios es el Dios de la vida, en el cual no se puede hallar ningún signo de muerte.

Oh Señor, te pido que hagas conmoverse a nuestro mundo orientado hacia la muerte y le inspires nueva vida. Trae la vida, la alegría y una nueva vitalidad a aquellos que caminan en la sombra de la muerte, a aquellos que están enfermos y moribundos, a aquellos que están deprimidos y desesperados, a aquellos que se sienten agraviados y que son violentos. Dondequiera que mire en este mundo, veo el poder de la muerte actuando. Lo veo en los conflictos entre las naciones y también en las rivalidades entre las personas. No permitas que tu pueblo sea conquistado por estas fuerzas oscuras, haz que tu poder, dador de vida, penetre en su cuerpo, su corazón y su mente y que te reconozca como el Hijo de Dios, que no es un Dios de muertos sino de vivos. Amén.

Martes, 3 de julio

Querido Señor, tu apóstol Tomás quería verte y tocar tus heridas. Él no se había quedado convencido con las palabras entusiastas de sus amigos. Quería experimentar tu presencia con sus propios sentidos.

¡Qué bien puedo entender ese deseo! ¿Acaso no he estado yo con frecuencia suplicándote fervientemente que me permitieras verte y tocarte? ¿Y qué dices tú? «Dichosos los que creen sin haber visto.»

¿Acaso me pides que permanezca en la oscuridad de la fe y te entregue ese deseo febril e impaciente de tener una experiencia directa y sensible? ¿Me estás invitando a vivir mi vida con una fe desnuda, obediente a los testigos que te vieron después de tu muerte y que basaron sus enseñanzas en el hecho de que verdaderamente te habían visto vivo?

Señor, creo; ayúdame en mi incredulidad. Amén.

Sábado, 7 de julio

Querido Señor, hoy he estado pensando en las palabras de Vincent van Gogh: «Es verdad, hay un flujo y un reflujo, pero el mar sigue siendo el mar». Tú eres el mar. Aunque yo experimente muchos altibajos en mis emociones, y con frecuencia sienta muchas variaciones y cambios en mi vida interior, tú sigues siendo el mismo. Tu inmutabilidad no es la de una roca, sino la de un amante fiel. Por tu amor fui concebido; tu amor me sostiene, y a tu amor soy llamado una y otra vez. Hay días de tristeza y días de alegría; hay sentimientos de culpa y sentimientos de gratitud; hay momentos de fracaso y momentos de éxito; pero tu amor inquebrantable los abarca todos.

Mi única tentación real es dudar de tu amor, pensar en mí mismo más allá del alcance de tu amor, retirarme del resplandor curativo de tu amor. Hacer esto significa irme hacia la oscuridad de la desesperación.

Oh Señor, mar de amor y bondad, haz que no tenga demasiado miedo de las tormentas y los vendavales de mi vida cotidiana, y haz que sepa que hay un flujo y un reflujo, pero que el mar sigue siendo el mar. Amén.

VI

Julio-agosto

Un corazón agradecido

El miedo y la angustia nunca nos dejan completamente. Pero poco a poco van perdiendo su poder, cuando una experiencia más profunda y esencial comienza a manifestarse. Es la experiencia de la gratitud. La gratitud es la conciencia de que la vida, en todas sus manifestaciones, es un regalo por el cual queremos dar las gracias. Cuanto más nos acercamos a Dios en la oración, más conscientes nos hacemos de los dones que él nos da. Podemos incluso descubrir estos dones en medio de nuestros sufrimientos y tristezas. El misterio de la vida espiritual es que muchos de los acontecimientos, las personas y las situaciones que durante mucho tiempo nos parecieron que inhibían nuestro camino hacia Dios, se convierten en vías para unirnos más profundamente a él. Lo que parecía un obstáculo resulta ser un don. Por lo tanto, la gratitud se convierte en una cualidad de nuestros corazones que nos permite vivir alegre y pacíficamente, aunque nuestra lucha continúe.

Martes, 10 de julio

Querido Señor, seguiré inquieto, tenso e insatisfecho hasta que pueda estar completamente en paz en tu casa. Pero estoy todavía de camino, viajando, cansado y abatido, y preguntándome si alguna vez conseguiré llegar a la ciudad de la colina. Al igual que Vincent van Gogh, sigo preguntando a tu ángel, a quien encuentro en el camino: «¿Va el camino cuesta arriba todo el tiempo?», y la respuesta es: «Sí, hasta el final». Y pregunto otra vez: «¿Y el viaje va a durar todo el día?», y la respuesta es: «Desde la mañana hasta la noche, amigo».

Así que, sigo caminando, Señor, cansado, con frecuencia frustrado, irritado, pero siempre con la esperanza de llegar un día a la ciudad eterna, lejana, resplandeciente al sol de la tarde.

No hay ninguna certeza de que mi vida vaya a ser más fácil en los próximos años, o de que mi corazón vaya a estar más tranquilo. Pero tengo la certeza de que tú me estás esperando y de que me acogerás en casa cuando haya perseverado en mi largo viaje a tu morada.

¡Señor! Dame valentía, esperanza y confianza. Amén.

Viernes, 13 de julio

Querido Señor, me has enviado a este mundo a predicar tu palabra. Con frecuencia los problemas del mundo parecen tan complejos e intrincados que tu palabra me resulta excesivamente sencilla. Muchas veces siento que tengo dificultades para hablar cuando estoy con las personas que se ocupan de los problemas sociales y económicos del mundo.

Pero tú, Señor, dijiste: «Sed, pues, astutos como serpientes y sencillos como palomas». Concédeme conservar la inocencia y la sencillez en medio de este mundo complejo. Me doy cuenta de que tengo que informarme, de que tengo que estudiar los distintos problemas que aquejan al mundo, y que tengo que intentar comprender tan bien como pueda la dinámica de nuestra sociedad contemporánea.

Pero lo que verdaderamente cuenta es que toda esta información, conocimiento y revelación me permitan anunciar tu palabra veraz con más claridad y menos ambigüedad. No permitas que los poderes del mal me seduzcan con las complejidades de los problemas del mundo, y dame la fuerza para pensar con claridad, hablar con libertad y actuar con audacia a tu servicio. Dame valentía para mostrar la paloma en un mundo tan lleno de serpientes. Amén.

Domingo, 15 de julio

Querido Señor, diste instrucciones a tus discípulos para que no llevaran nada en su viaje excepto un bastón, y les dijiste que se quedaran en las casas de aquellos a quienes habían ido a predicar tu palabra. En este estado de debilidad física y dependencia, manifestaron tu poder y tu fuerza. Llamaron a la gente al arrepentimiento, expulsaron demonios, ungieron y curaron a muchos enfermos.

Mientras que siga llevando conmigo un equipaje pesado de cualquier clase —físico, mental, emocional— y mientras siga preocupándome de mis propios proyectos y planes, ¿cómo puedo esperar ser verdaderamente tu testigo y sanar a otros?

Ayúdame, Señor, a desprenderme cada día más de todo lo que me impide ser tu instrumento, para que a través de mí, llegues a los hombres, las mujeres y los niños que sufren. Muéstrame el camino de la pobreza, para que así tu riqueza se haga visible, y el camino de la debilidad, para que así tu fuerza se haga manifiesta. Amén.

Miércoles, 18 de julio

Querido Señor, nadie conoce al Padre del cielo excepto tú, y aquellos a quienes tú eliges para revelárselo. ¡Qué pretencioso y desleal es querer conocer a Dios a través del estudio, de la discusión espiritual o de las buenas obras! Todos los libros que he leído, todas las clases a las que he asistido y todos los retiros que he hecho no pueden darme un conocimiento verdadero de Dios. Sólo tú me lo puedes revelar. Conocer a Dios, tu Padre, es realmente el mayor regalo que nos das.

¿A quién eliges para darle este conocimiento? ¿A los sabios y entendidos? No, a simples niños, a aquellos que apenas piensan en ellos mismos, pero que están abiertos a recibir dones que ni siquiera pueden entender ni imaginar.

¿Me elegirás a mí también? Con frecuencia me pregunto si mis conocimientos acerca de Dios no son ahora mi mayor obstáculo para conocerle. Pero tú, Señor, puedes abrir cualquier puerta y atravesar cualquier muro. Puedes encontrar en mí al niño que siempre desea conocer a tu Padre amoroso. Ven, Señor Jesús, y elígeme. Amén.

Jueves, 19 de julio

Querido Señor, tú nos dices: «Cargad con mi yugo y aprended de mí, que soy sencillo y humilde de corazón». Estas palabras han permanecido hoy conmigo porque me he dado cuenta de cuánto me quejo de mi yugo y oigo a otros quejarse del suyo. Con mucha frecuencia pienso que la vida y todos sus cometidos son pesados, y entonces no es difícil volverse pesimista o deprimirse, pedir que presten atención a mi problema «único» y gastar mucho tiempo y energía en expresar enfado o irritación.

Tú no dices: «Os voy a quitar vuestra carga», sino: «¡Os invito a que cojáis mi carga!». Tu carga es una carga real. Es la carga de todo el pecado y el fracaso humano. Llevaste esta carga y moriste bajo su peso. Así la convertiste en una carga ligera.

Oh Señor, desvía mi atención de las falsas cargas para que así me fije en la carga verdadera. Concédeme llevar tu carga unido a ti. Sé que sólo entonces seré capaz de superar las tentaciones de amargura y resentimiento y viviré con alegría y gratitud sirviéndote.

Haz que entienda mejor tus palabras: «Mi yugo es llevadero y mi carga ligera». Amén.

Lunes, 23 de julio

Querido Señor, ¿quiero ver signos tuyos igual que los fariseos? No deseo, desde luego, curaciones milagrosas o grandes fenómenos solares, pero con frecuencia me sorprendo a mí mismo con la esperanza de que toques mi corazón y el de mis amigos de una manera muy especial. Con frecuencia deseo tener un sentimiento interior de paz, tranquilidad y dulzura, en el cual tu amor y tu bondad se puedan saborear.

Pero tú, Señor, me pides que acepte el signo de Jonás, el signo de tu muerte y resurrección. Quieres que reconozca tu presencia no tanto en acontecimientos extraordinarios internos o externos, como en la experiencia dolorosa de vivir en el vientre del monstruo marino. No apartas a tus amigos de este mundo, sino que quieres que experimenten contigo su amargura, para que así, compartiendo tu muerte, puedan también compartir tu resurrección.

Te suplico que sea capaz de serte fiel, sin otro signo para apoyarme que el de Jonás. Tú mismo me diste ese signo, y eso debería ser suficiente.

En ti, Señor, pongo mi esperanza. Amén.

Miércoles, 25 de julio. Fiesta de Santiago Apóstol

Querido Señor, tu discípulo Santiago anheló un lugar especial en tu reino, un lugar cercano a ti. Sentías por él un afecto especial; le llevaste contigo cuando entraste en la casa de Jairo para curar a su hija y cuando subiste al monte Tabor a orar. Pero dejaste claro que ser tu amigo también significa sufrir contigo. Cuando le preguntaste si podía beber la copa del sufrimiento, él dijo que sí, con la misma ambición con la cual deseaba un lugar especial en tu reino.

Amaste a este hombre joven y apasionado, cuyo principal deseo era estar contigo en todo tiempo y en todo lugar. Tú les dijiste, tanto a él como a todos tus discípulos, que la norma de tu reino era el servicio y no el poder, y poco a poco cambiaste su corazón que dejó de apoyarse en la influencia para buscar el último lugar. Él respondió, te siguió, y bebió la misma copa que tú bebiste. Fue uno de los primeros apóstoles que murió por ti.

Oh Señor, convierte mi corazón como convertiste el corazón de tu discípulo Santiago. Amén.

Viernes, 27 de julio

Querido Señor, ¡con cuánta frecuencia las preocupaciones del mundo y la atracción de las riquezas
han ahogado tu palabra! Para que tu palabra crezca
con raíces profundas y produzca una cosecha abundante, necesita un corazón libre, abierto y sosegado.
Sé, Señor, que tu palabra tiene poder, que puede
transformar el corazón y la mente y hacerse tan fuerte que hable por sí misma. ¿Pero cómo puede ser
eficaz tu palabra, cuando es recibida por un corazón
lleno de dificultades, un corazón que medita, constante y escrupulosamente, sobre lo que ocurrió ayer
y anticipa con angustia lo que ocurrirá mañana, un
corazón deteriorado por la culpa, los celos, la envidia
y la codicia, un corazón intranquilo y confundido? No
es sorprendente que un corazón así impida que tu
palabra dé fruto.

¡Oh Señor! Dame un corazón que pueda recibir tu
palabra, de la misma manera que la tierra fértil recibe
la simiente y haz que tu palabra produzca nueva vida
y nuevo amor en este mundo estéril. Amén.

Domingo, 29 de julio

Querido Señor, incluso cuando quisiste estar solo con tus amigos, una multitud te siguió para oír tu palabra y sentir tu contacto redentor. Movido por su necesidad de tener un pastor, les enseñaste y curaste a sus enfermos. Y cuando cayó la tarde y te diste cuenta de que estaban cansados y tenían hambre, les hiciste sentarse en la hierba y les diste panes y peces con abundancia para que así estuvieran lo suficientemente fuertes como para volver a sus casas sin peligro.

Lo que más me impresiona es que los que te siguen sin preocuparse de la comida o del descanso reciben todo lo que necesitan. Tu respuesta al demonio que te tentó, «No sólo de pan vive el hombre, sino de toda palabra que sale de la boca de Dios», vuelve a mi mente al pensar en este acontecimiento a la orilla del lago. Los que tienen hambre de tu palabra, también reciben suficiente pan para comer. Verdaderamente cuidas de los que se han arriesgado a seguirte a lugares solitarios.

¡Oh Señor!, nunca permitas que mi deseo de tener comida o refugio sea prioritario a mi deseo de oír tu palabra y ser redimido por tu presencia. Quiero seguirte y confiar en que tú verdaderamente me das lo que necesito, cuando lo necesito.

Aumenta y fortalece mi confianza. Amén.

Jueves, 2 de agosto

Querido Señor, esta semana ha habido muchos sufrimientos y luchas que han ocupado mi atención. Accidentes de coche, enfermedades graves, sentimientos de impotencia y muchos otros acontecimientos y experiencias que se elevan a ti suplicantes pidiéndote curación, esperanza, fe, valentía y fuerza. Señor, quédate con tu pueblo, no le abandones con el miedo y la desesperación, antes bien permítele conocer que tú eres un Dios fiel, que has hecho una nueva alianza con tu pueblo y que no te retractarás de tu palabra de amor.

Sobre todo, Señor, te pido para que ayudes a todos los que sufren a mirar hacia ti que has llevado todos los sufrimientos del mundo y has muerto para traernos nueva vida. Que los que están en agonía y sufren vean en tu cruz un signo de esperanza y que vislumbren el misterio de que ellos pueden realizar todo lo que aún falta a tu pasión, por amor a tu cuerpo, la Iglesia. Ayúdanos a ver que con nuestro sufrimiento podemos de verdad participar de una forma real en tu continua labor de salvación.

Señor, muestra a todos los que sufren tu infinito amor y misericordia. Amén.

Domingo, 5 de agosto

Querido Señor, eres la Palabra de Dios, a través de la cual toda la creación fue hecha: los ríos y los árboles, las montañas y los valles, los pájaros y los caballos, el trigo y el maíz, el sol y las estrellas, la lluvia y el trueno, el viento y la tormenta, y sobre todo las personas —hombres y mujeres, jóvenes y ancianos, negros y blancos, morenos y rubios, granjeros y profesores, monjes y hombres de negocios. Señor, podemos encontrarte en toda tu creación, porque toda fue hecha a través de la Palabra de tu Padre omnipotente que con su aliento creó el mundo y vio que era bueno.

Te doy gracias por la belleza de todo lo que existe, y te alabo por los artistas, los pintores, los escultores, los músicos, los bailarines y los escritores que, con sus talentos, me abren los ojos al esplendor de tu divina presencia en el universo.

Gloria a ti, Señor, y al Padre Omnipotente, que hizo el cielo y la tierra. Amén.

Sábado, 11 de agosto

Querido Señor, mi estancia en la Abadía llega a su fin, dentro de unos días ya no tendré el apoyo del tiempo establecido para la oración comunitaria, del silencio de la casa y del cuidado amoroso de esta hermosa fraternidad. Tengo que trasladarme a un lugar más activo para enseñar, predicar y aconsejar, ya que es a esta tarea activa a la que tú me has llamado. Pero te suplico que te guarde en el centro de mis pensamientos, palabras y acciones. Te pido que tu presencia, que he sentido aquí con tanta fuerza, guíe también mi vida en la universidad, pero sobre todo te pido para que siga empleando tiempo para estar a solas contigo.

Haz que el conocimiento de tu amor llene mi corazón y mi mente para que pueda ser tu testigo de una manera libre, abierta y audaz, y para que traiga tu paz y tu amor a todos los que te buscan consciente o inconscientemente. Amén.

Martes, 14 de agosto

Querido Señor, mi corazón está lleno de gratitud por el tiempo que me has concedido para estar aquí, en la Abadía de Genesee. Quizá mi oración no ha sido tan profunda e íntima como yo habría querido. Mi mente se ha preocupado con frecuencia de pequeñas inquietudes y problemas insignificantes. Pero cuando miro hacia atrás y pienso en este tiempo, me doy cuenta de que me has dado una auténtica casa espiritual. Me has dado hermanos que me consideran uno de ellos y que me cuidarán allá donde vaya. Ahora sé que siempre podré volver y seré aceptado, que siempre podré pedir oraciones, y que siempre contaré con el gran apoyo espiritual de mis hermanos de la Abadía.

Te doy gracias, Señor, por este don de un valor incalculable. Te pido que haga que mi vida de profesor sea merecedora de este regalo, que permanezca fiel al espíritu de esta fraternidad y que sea capaz de compartir la nueva fuerza que ahora experimento con todas las personas a las cuales me envías.

Señor, manifiesta tus abundantes bendiciones a todos los hermanos, que me han mostrado, con tanta claridad, la realidad de tu amor. Amén.

EPÍLOGO

Las oraciones de este libro fueron el resultado de un experimento, el experimento de escribir al Señor. Cuando miro hacia atrás y contemplo los seis meses en que estuve escribiendo oraciones, caigo en la cuenta de que estas oraciones ocultan más de lo que revelan. Revelan un corazón que siente miedo, una súplica de misericordia, rayos de esperanza, el poder del Espíritu, las necesidades del mundo y por último la gratitud. También revelan un cambio que parte de una introspección por la propia preocupación, y que se dirige hacia el comienzo de una libertad interior que ofrece un espacio para los sufrimientos de los demás y responde a la gracia con gratitud. Pero he terminado dándome cuenta de que lo que permanece escondido es la oración.

Releyendo estas oraciones, un año después de haberlas escrito, ahora veo que mis palabras son sólo los muros que rodean un lugar silencioso. Estas oraciones son sólo el contexto para rezar. Si algo me ha quedado claro, es que no puedo rezar, es el Espíritu de Dios el que reza en mí. Esta oración divina no se puede expresar con palabras. Mora en el silencio antes, entre y más allá de las palabras de un corazón que busca. La oración es la respiración de un corazón que busca. La oración es la respiración del Espíritu de Dios en nosotros. La oración es el grito del Espíritu «Abbá, Padre», que sale de las profundidades más internas de nuestro ser. La oración es la vida divina en nosotros, una vida de la cual somos conscientes de forma muy débil y que trasciende las capacidades de nuestros sentidos. Por lo tanto, debo decir que estas oraciones esconden la oración de Dios que nunca podrá imprimirse en un libro.

El misterio de la vida es que sólo podemos conocer al Señor de la vida en y a través del acto de vivir. Sin los compromisos concretos y específicos de la vida cotidiana no podremos llegar a conocer la presencia amorosa de aquel que nos sostiene en la palma de su mano. Nuestros actos limitados de amor nos revelan el amor ilimitado de Dios. Nuestros pequeños gestos de ternura nos revelan su ternura ilimitada. Nuestras palabras, llenas de miedos y dudas, revelan su Palabra audaz que nos guía. De hecho, el poder redentor del Dios eterno se nos hace visible a través de nuestras formas de ser rotas, vulnerables y mortales. Por ello, se nos llama cada día a presentar a nuestro Señor la totalidad de nuestras vidas —nuestras alegrías y nuestras penas, nuestros éxitos y nuestros fracasos, nuestras esperanzas y nuestros temores. Somos llamados a hacerlo con nuestros medios limitados, nuestras palabras titubeantes, nuestras expresiones vacilantes. De esta manera, llegaremos a conocer con nuestra mente y con nuestro corazón la incesante oración del Espíritu de Dios en nosotros. Todas nuestras oraciones son, en realidad, confesiones de nuestra incapacidad de rezar. Pero son confesiones que nos permiten percibir la presencia misericordiosa de Dios. Nuestras oraciones son tan únicas como cada una de nuestras vidas. Las oraciones de este libro son las de un ser humano. Ojalá que haya muchas más oraciones hechas por otras muchas personas, para que así la oración eterna de Dios, que no puede expresarse en palabras, continúe dándose a conocer.

ÍNDICE

1 ANTHONY DE MELLO. TESTIGO DE LA LUZ M.ª Paz Mariño Barros

2 ESTOY LLAMANDO A LA PUERTA Carlo Maria Martini

3 FAMILIA Y VIDA LAICAL Carlo Maria Martini

4 LA FAMILIA COMO VOCACIÓN Manuel Iceta

5 AMOR DE TODO AMOR Hermano Roger de Taizé

6 EN EL NOMBRE DE JESÚS Henri J. M. Nouwen

7 CÓMO ELABORAR UN PROYECTO DE PAREJA Isabel Frías / J. C. Mendizábal

8 EL REGRESO DEL HIJO PRÓDIGO Henri J. M. Nouwen

9 MEDITACIONES PARA LAS FAMILIAS Carlo Maria Martini

10 EL SERMÓN DE LAS SIETE PALABRAS José Luis Martín Descalzo

11 PEREGRINO DE LA EXISTENCIA Ángel Moreno, de Buenafuente

12 DESPERTAR Anthony de Mello

13 HABLAR DE DIOS COMO MUJER Y COMO HOMBRE E. Moltmann-Wendel / J. Moltmann

14 «TÚ ERES MI AMADO» Henri J. M. Nouwen

15 LA IGLESIA DEL FUTURO Cardenal Tarancón

16 CRISTIANOS EN LA SOCIEDAD SECULAR Cardenal Tarancón

17 HOMBRES Y MUJERES DE DIOS Cardenal Tarancón

18 CULTURA Y SOCIEDAD Cardenal Tarancón

19 PALABRAS SENCILLAS DE NAVIDAD Jean-Marie Lustiger

20 LAS SIETE PALABRAS DESDE AMÉRICA LATINA Nicolás Castellanos

21 UNA VOZ PROFÉTICA EN LA CIUDAD Carlo Maria Martini

22 LA COMUNIDAD Jean Vanier

23 MARÍA, MADRE Peter Daino

24 LA VOCACIÓN DE SAN MATEO Antonio González Paz

25 UNA VOZ DE MUJER Mercedes Lozano

26 ¿QUÉ SACERDOTES PARA HOY? Bernhard Häring

27 ENEAGRAMA Y CRECIMIENTO ESPIRITUAL Richard Rohr